Felicidade ordinária

Vera Iaconelli

Felicidade ordinária

Copyright © 2024 by Vera Iaconelli

Seleção e organização dos artigos: Ligia Gonçalves Diniz

Grafia atualizada segundo o Acordo Ortográfico da Língua Portuguesa de 1990, que entrou em vigor no Brasil em 2009.

Capa
Elisa von Randow

Imagem de capa
Balance Within VII, 2020, de Hilda Palafox. Acrílico sobre tela, 60 × 80 cm. Coleção particular.

Preparação
Débora Donadel

Revisão
Carmen T. S. Costa
Luciane H. Gomide

Dados Internacionais de Catalogação na Publicação (CIP)
(Câmara Brasileira do Livro, SP, Brasil)

Iaconelli, Vera
    Felicidade ordinária / Vera Iaconelli. — 1ª ed. — Rio de Janeiro : Zahar, 2024.

    ISBN 978-65-5979-191-0

    1. Artigos – Coletâneas 2. Psicanálise I. Título.

24-212462   CDD-150.195

Índice para catálogo sistemático:
1. Artigos : Psicanálise   150.195

Cibele Maria Dias — Bibliotecária — CRB-8/9427

Todos os direitos desta edição reservados à
EDITORA SCHWARCZ S.A.
Praça Floriano, 19, sala 3001 — Cinelândia
20031-050 — Rio de Janeiro — RJ
Telefone: (21) 3993-7510
www.companhiadasletras.com.br
www.blogdacompanhia.com.br
facebook.com/editorazahar
instagram.com/editorazahar
x.com/editorazahar

Sumário

Introdução 9

1. Aprendendo a ser pais ausentes 21
2. Casais com filhos 24
3. O preconceito nosso de cada dia 26
4. Enxurrada político-onírica 29
5. Não sei se vou te amar 32
6. Gestar, parir e ficar um tanto louca 35
7. Torcer pelo Brasil 38
8. Santo de casa não faz milagre 41
9. Para quem pensa que escola é prédio 44
10. As primeiras psicanalistas 47
11. Separar para não divorciar 50
12. Em busca do autodesconhecimento 53
13. Eu era tudo para você 56
14. Eu falo com bebês 59
15. Você não é a mamãe! 62
16. Adolescente, pais e a escola 65
17. Eu era infeliz e não sabia 68
18. Qual a posição política de um psicanalista? 71

19. Consolar o bebê inconsolável   74

20. Corpo de mãe e corpo de mulher I   77

21. No batente com o bebê   80

22. Tarde demais para flores   83

23. Os laços que queremos   86

24. Rua, Bolsonaro!   89

25. Ódio em família   92

26. De quem é o fim de semana, afinal?   95

27. As babás e seus bebês   98

28. Corpo de mãe e corpo de mulher II   101

29. Criança dá trabalho   104

30. Vida longa às vovozinhas assanhadas   107

31. Teste seu antifeminismo e pare de dar vexame   110

32. O erro dos pais   113

33. Como não falar sobre a morte com as crianças?   116

34. A conta não fecha   119

35. A primeira vez dos jovens   122

36. O que esperamos do amor?   125

37. Amor à família é álibi perfeito   128

38. Solidão, modo de usar   131

39. O amor está no ar   134

40. O jovem e a pornografia   137

41. Meninas são ensinadas a se deixarem abusar   140

42. Quando nos descobrimos mulheres   143

43. Caetanear o Natal   146

44. Falsa simetria entre fetos e mulheres   149

45. Militância e violência   152

46. O amor cobra sua fatura   155

47. Feito tatuagem   158

48. Sexo, swing e tédio   161

49. Cringe mania   164

50. Vale a pena defender a família?   167

51. Amor virtual ou presencial?   170

52. Podemos tirar nossos filhos das redes?   173

53. Djamila veste Prada   176

54. Crianças desumanizadas   179

55. Sapos, filhos & cachorros   182

56. O fracasso do amor   185

57. Meu corpo, velhas regras   188

58. Sexualidade e abuso   191

59. Não se pode falar tudo   194

60. Um brinde às amizades   197

61. Agora só vou com mulher   200

62. É hora de falarmos de sexo com as crianças   203

63. Transfobia é medo de quê?   206

64. Para ser mulher tem que ter útero?   209

65. Poderes reprodutivos e suas armadilhas   212

66. Dicas para enfrentar o mal-estar   215

67. E se deitássemos o Brasil no divã?   218

68. O trabalho com pessoas que gestam   220

69. Bem-vindos de volta à escola, pais   223

70. Em busca do clitóris perdido   226

71. O Carnaval é o futuro   229

72. Uma facada no coração da escola   232

73. As fases dos cuidados com os filhos   235

74. Tire a camisa da empresa   238

75. Nostalgia de um passado idílico   241

76. A arte de calar a boca   244

77. Os tempos da família   247

78. O autoelogio como palavra de ordem   250

79. A psicanálise, essa bobagem   253

80. O que é ser brasileiro?   256

81. Separações em análise   259

82. Tempo de qualidade   262

83. Maldições familiares   265

84. São necessárias muitas crianças para salvar uma aldeia   268

85. Aos que ficam   271

86. Constelações familiares e a pregação de Estado   274

87. Ninho vazio e outros bichos   277

88. Mulher branca no Brasil   280

89. A melhor escola para seu filho   283

90. Problemas de família   286

91. No divã com o analista   289

92. Natal: modo de usar   292

93. As férias das quais não voltamos   295

94. A humanidade evoluiu?   298

Datas das publicações   301

Introdução

TODA SEMANA ENCARAR a folha de papel em branco tentando traduzir o que se vive a partir do referencial psicanalítico. Esse foi o desafio que aceitei em outubro de 2017 a convite de Sérgio Dávila, diretor de redação da *Folha de S.Paulo*. Tendo a psicanálise como orientação e o cotidiano como material, fui seguindo o fio dos acontecimentos que marcaram — e marcam — nossa época desde então. Mas o que começou como uma reflexão sobre costumes, relações parentais, feminismo, educação, sexo e política se viu atropelado por dois eventos de grandes repercussões: o recrudescimento do autoritarismo e a chegada de uma pandemia.

Há cem anos Freud também testemunhava a ascensão da extrema direita na Europa e uma pandemia. O inventor da psicanálise, que perdeu sua adorada filha Sophie para a gripe espanhola e viu três filhos irem para a Primeira Guerra Mundial, sentiu na pele os efeitos dos infortúnios de seu tempo. Sua busca incessante por entender as razões da personalidade autoritária, o trabalho de luto e a teoria do trauma foram respostas possíveis à angústia que compartilhava com seus pacientes e com o mundo. Desde cedo ele assumiu que entre o sujeito e a sociedade há uma relação inextricável, não sendo possível estudá-los separadamente.

Da mesma forma que revelou o jogo de forças que opera dentro de cada um de nós, Freud também elucidou a intrincada relação entre o psiquismo e o social, deixando textos que nos servem de guia até hoje. A referência ao artigo "Psicologia das massas e análise do eu", de 1921, tornou-se onipresente na mídia brasileira diante dos acontecimentos recentes, na tentativa de esclarecer o retorno triunfante de um autoritarismo que insistimos em subestimar. É nesse artigo que Freud demonstra como as massas, a partir das demandas infantis dos sujeitos que as compõem, buscam um líder que lhes sirva de fiador. Ao mesmo tempo estabelecem um pacto de não agressão entre os liderados, que se tornam "irmãos" perante esse pai, que se arvora no lugar de exceção, aquele que pode tudo. Siderados pela figura mítica que os lidera, cooperam entre si e elegem um inimigo comum que serve para que o contraditório seja projetado fora da massa e as diferenças dentro dela não sejam reveladas. A insistente pergunta sobre como funcionam as massas alienadas em torno de uma figura mítica e canhestra encontra na teoria freudiana importantes esclarecimentos. Daí o interesse pelo texto freudiano — que sempre serviu de farol para os psicanalistas — ter sido renovado para o grande público. A pergunta sobre a origem do fascismo em cada um de nós e sua relação com o campo social nunca deve deixar de ser feita.

Se as recentes conquistas ligadas aos direitos LGBTQIA+, às questões raciais, ambientais, das mulheres, são um fato inconteste, também o são as forças que, sem cessar, buscam eliminá-las. A dupla ruptura a que assistimos há pouco atingiu em cheio esse processo, institucionalizando os retrocessos. Passamos a trabalhar não com a consolidação das conquistas, mas com a tentativa desesperada de não as perder para sempre. Só nos restou lutar pela redução de danos. E como lutamos!

Introdução 11

Muitos artigos aqui são tentativas de dar voz ao sofrimento que se abateu, e se abate, sobre nós.

Diante do imponderável, do excessivo e do disruptivo há que se falar de trauma, questão inaugural da psicanálise, que partiu da escuta do sofrimento das ditas histéricas, mulheres que não se encaixavam nas duras expectativas morais e sexuais de sua época e cujos sintomas eram ignorados pela medicina em geral. Freud teve o mérito de escutá-las e de descobrir que, nelas, o traumático da existência era respondido com o adoecimento psíquico e não necessariamente biológico.

O trauma para a psicanálise é o resultado de uma experiência de intensidade excessiva que exige elaboração psíquica permanente — nem sempre possível. Mas raras são as vezes nas quais o trauma se dá por uma experiência coletiva ou, ainda, mundial. Pandemia e recrudescimento da direita radical são eventos cujos efeitos traumáticos foram compartilhados pelo mundo todo. Momentos nos quais todos os pacientes chegam ao consultório abalados pelos mesmos fatos são incomuns, e muito instrutivos. Seja a polarização política do processo eleitoral brasileiro (e em tantos outros lugares), que destruiu laços sociais e inúmeras famílias, seja o isolamento pandêmico, que nos empurrou para a virtualização da vida, as novas condições de existência afetaram a todos.

O aspecto instrutivo é que nessas ocasiões conseguimos colocar à prova uma das máximas da psicanálise: o mesmo acontecimento é vivido de forma singular por cada sujeito. Sofremos todos, mas não da mesma maneira, por pelo menos duas razões. Uma diz respeito ao fato de que a desigualdade social nos faz habitar mundos distintos — o que só soou como revelação para quem insiste em negar nossa história e o apartheid social, racial e de gênero no qual vivemos.

Aliás, não é à toa que uma das palavras que mais circula desde então se refere a um mecanismo de defesa conhecido dos psicanalistas: a negação. A questão sobre o *negacionismo*, como uma forma de funcionamento social instrumentalizada politicamente baseada na negação, tem sido das mais insistentes. Christian Dunker nos alerta para o uso que governos autoritários fazem do negacionismo a fim de desacreditar a realidade compartilhada. Dessa forma, buscam impedir que nos unamos para enfrentar um mal que atinge a todos, por exemplo um vírus. A polarização dentro da sociedade é truque político conhecido usado pelos que dividem para conquistar. Negando o racismo, a misoginia, a injustiça social, a crise climática e outras mazelas que nos afligem, a sociedade dividida se vê incapaz de lutar por uma causa comum. Regimes autoritários fazem uso de bodes expiatórios, identificados entre seus cidadãos e/ou estrangeiros, com a finalidade de polarizar, separar. Quando oposição é um inimigo a ser eliminado, mina-se a possibilidade de estabelecer o contraditório como condição necessária para que haja o jogo democrático.

A segunda razão que nos faz sofrer de forma diferente diante do mesmo enredo diz respeito ao fato de que a experiência humana só pode ser vivida e respondida exclusivamente por cada um de nós. Cada sujeito, a partir de um repertório singular que funciona como uma digital inconsciente, enfrentará à sua maneira o imponderável. Daí que, para a psicanálise, não existe a mulher, a criança ou o homem pensados em termos genéricos. Só saberemos como cada um vive ao escutá-lo, independentemente de gênero, idade, classe social, raça ou qualquer outro atributo que queiramos incluir. Questão paradoxal para quem se dispõe a escrever para o grande público. Ganho de consciência seguido de retrocesso é tema conhecido da clínica psicanalítica. O processo analítico é cheio de momentos de capitulação, uma vez que os conflitos internos revelam um jogo de ganhos e perdas. Posso desejar ardentemente a emancipação, mas terei que deixar de ser "café com leite", o protegido. Posso assumir meu desejo por nova vida, mas terei que pagar o preço do risco do fracasso. Entre a vontade manifesta e o desejo latente nem sempre há conciliação. Por isso resistimos a saber a natureza última daquilo que nos faz sofrer e daquilo que desejamos inconscientemente. Ainda que a verdade possa ser a única forma de nos livrarmos dos sintomas que empatam nossa vida, tendemos a reclamar deles na mesma medida em que negamos sua origem. A psicanálise se debruça sobre os conflitos internos, que se dão pela nossa divisão interna. Em grande parte, somos estrangeiros a nós mesmos.

Se aplicamos essa lógica para o paciente "Brasil", vemos que "ele" não quer saber nada sobre sua história e sobre o desejo que o move. Sofre por tentar ignorar ativamente sua aspiração a se manter colônia de uma metrópole imaginária. O conflito se revela nos sintomas brasileiros, entre eles a desigualdade social, a violência racial e a de gênero. O Brasil sofre e precisa decidir se vai encarar a verdade de seu sofrimento ou dobrar a aposta na alienação. Ambas as escolhas cobram seu preço, mas, enquanto a primeira aponta para a cura, a segunda só aprofunda nosso adoecimento.

Carregamos nossos sintomas e deles nos queixamos como se não tivessem relação conosco. Pedimos ao psicanalista que nos traga alívio negando que somos responsáveis pelos sintomas que inventivamente construímos. Na contramão do senso comum, a psicanálise entende que os sintomas são a melhor forma que encontramos até agora para trazer à tona e tentar revelar o mal-estar.

O tratamento psicanalítico busca ajudar o sujeito a encontrar formas menos anacrônicas de encarar a realidade. Não há previsão de caminho suave nessa descoberta, mas há ganho de liberdade. E, como toda liberdade nos aponta para um abismo de possibilidades, há que se assumir que o fim de uma análise não é o fim da angústia, mas a busca por melhores formas de viver com ela. Freud dirá que o fim de uma análise aponta para o sofrimento ordinário da vida sem os entraves dos sintomas limitantes.

Nada mais urgente — e fora de moda — do que pensar o sofrimento humano como ordinário. Numa sociedade que prega a felicidade como um imperativo de sucesso e o sucesso como garantia de felicidade, a premissa freudiana pode soar desoladora. Lembremos, no entanto, que o mesmo povo que aposta todas as suas fichas na felicidade perene é aquele que sofre uma epidemia de casos de depressão. Negando a verdadeira premissa da existência humana, na qual o sofrimento ordinário é condição para usufruir da *felicidade ordinária*, produzimos um sintoma coletivo que praticamente definiu uma geração.

Não há forma mais honesta de orientar uma análise do que assumirmos nossas condições de existência. Disso faz parte o reconhecimento de que somos seres conscientes de nossa

Introdução 15

própria finitude, assujeitados ao imponderável, cujas relações estão fadadas ao desencontro. Na esfera dos laços afetivos, assumir os abismos entre nós é o que nos faz inventar o amor em todas as suas formas. Não podemos viver a vida do outro, mal podemos nos fazer entender, mas podemos seguir tentando compartilhar o indizível que é a vida para cada um de nós. Saber que vamos morrer nos alerta para aproveitarmos ao máximo o tempo que nos resta da contagem regressiva que começou quando nascemos. O sofrimento ordinário vem permeado da felicidade ordinária, episódica e fugaz. Aquela que saboreamos, pois sabemos que acaba. Nada nos aproxima mais da morte do que a fugacidade de uma paixão. Nos sentimos tão vivos, tão incapazes de nomear a experiência — na mesma medida em que vislumbramos a iminência do fim.

Diferenciar sofrimento de adoecimento é fundamental. Sofremos porque somos humanos e cientes dos riscos de existir e saboreamos a vida pelo mesmo motivo. É algo intrínseco ao fato de termos adquirido consciência. Já o adoecimento é de outra ordem e, portanto, requer que o tratemos. Não passamos pela vida sem adoecer, mas não podemos confundir adoecimento com sofrimento. Quando patologizamos o sofrimento, adoecemos por tentarmos eliminar a dor de existir.

Tendo como pano de fundo pandemia e pandemônio, me coube discutir a educação, a infância, o sexo, a família, o amor, os costumes, a escola, ciente de que não há como pensar o sujeito sem pensar o social e sua época. Daí que, ao contrário do que alguns podem imaginar, não existe psicanálise sem política, o que não significa partidarismo. Como cada cidadão professa seus credos é assunto particular, mas enquanto psicanalistas a única orientação política possível é de enfrentamento ao autoritarismo. A orientação de uma análise é ética porque visa à desalienação do sujeito, na contramão da busca por um líder que nos diga o que fazer e como desejar. Essa ideia confronta a colocação de qualquer sujeito no lugar de ideal a ser seguido pelos demais, não cabendo exceções aqui.

Lacan foi tão coerente com essa premissa que recusou as leituras pós-freudianas que propunham que o analista servisse de modelo a ser seguido pelo analisante. A partir dessa ruptura radical com aquilo que chamou de desvios da psicanálise freudiana em direção à *psicologia do ego*, ele fundou seu ensino.

E como trazer esse universo intrincado e contraintuitivo da psicanálise, em geral encastelado nos textos acadêmicos, para as páginas do jornal de maior circulação do Brasil? Bom, pelo menos não foi necessário desbravar nada. Os psicanalistas dialogam com o público desde o começo de sua prática. Alguns, como Sigmund Freud, Wilfred Bion e Melanie Klein, trocavam missivas com analistas e profissionais de outras áreas; outros, como Winnicott e Françoise Dolto, usaram o rádio para transmitir as descobertas psicanalíticas para pais, mães e cuidadores. Lacan fez sua histriônica aparição na televisão para falar de sua leitura original da teoria freudiana. Aqui no Brasil temos Virgínia Bicudo, Hélio Pellegrino, Maria Rita Kehl, Joel Birman, Jurandir Freire Costa, Christian Dunker, o saudoso Contardo Calligaris, entre muitos outros, a nos servirem de farol.

Somos herdeiros, portanto, de autores que já vêm colocando, há décadas, a psicanálise para debater com outros

Introdução 17

saberes, para muito além dos consultórios ou do espaço iniciático das formações de analistas. Vale lembrar que alguns tiveram que se avir diretamente com a perseguição política, assim como Freud precisou se refugiar em Londres para não ser morto pelos nazistas.

Lacan descreve a tomada de consciência como um processo lógico estabelecido em três tempos: instante de ver, momento de compreender e tempo de concluir. Não se trata de cronologia, em que uma coisa viria após a outra, mas de sobreposições, de avanços e recuos, que nunca retornam ao mesmo ponto. Há um tanto da pasta de dente que, ao sair do tubo, não tem como voltar. Daí que os retrocessos, embora possam ser muito assustadores, não conseguem eliminar todas as transformações conquistadas.

Grosso modo, o *instante de ver* é quando "a ficha cai", quando nos damos conta do que sempre esteve ali e não éramos capazes de ver. Por se tratar do enfrentamento da verdade que buscamos esconder de nós mesmos, seu desvelamento tem um caráter traumático. A revelação exige o trabalho de compreensão, e o *momento de compreender* é necessário para que se elabore o ganho de consciência. A descoberta de que um relacionamento acabou, por exemplo, não se dá necessariamente quando esse fim de fato ocorreu, mas quando ele é reconhecido como tal. Não raro o fim pode ter se dado há décadas — para grande espanto de quem enfim "vê". Compreender o que houve — por que acabou, por que demorei tanto para admitir que já havia acabado — demanda um processo, que implica descobrir quem somos. Sem esse processo, qualquer ato que advenha do insight será uma atuação impensada, uma fuga. O *tempo de concluir*, que decorre do momento de compreender, é aquele no qual não há mais o que esperar e o ato — termo caro a Lacan — se impõe. A verdade vem à tona numa sucessão de instantes de ver, tão traumáticos quanto potencialmente libertadores. É assim com a "descoberta" de que a democracia racial no Brasil é uma balela — ou mesmo com qualquer ideia de uma democracia no Brasil, uma vez que ela nunca chegou às periferias: lá onde a lei se faz apartada da justiça, vemos que o próprio uso da palavra "democracia" é leviano. Mais do que defendê--la, ainda precisamos construí-la.

E essa construção depende do momento de compreender, um longo processo no qual buscamos as pistas do que nos trouxe até aqui, pistas de nossa história mal contada: fomos descobertos ou fomos invadidos? Somos o país da miscigenação pacífica ou do estupro institucionalizado? Somos brancos ou negros? Enfim, a lista de questões é grande e as respostas levam a futuros bem distintos.

ESCREVER ARTIGOS SEMANALMENTE diante de tantos acontecimentos sociais e da profusão de experiências pessoais que a vida nos proporciona, sem supor que exista o leitor genérico, tem sido um desafio instigante. Obriga a colocar em prática a ideia freudiana, levada às últimas consequência por Lacan, de que somos acima de tudo seres de linguagem, condenados a tentar simbolizar o viver.

Como uma centopeia que, tendo adquirido a capacidade da autoconsciência, se visse incapaz de seguir em frente por não saber por qual patinha começar sua jornada, assim também

Introdução 19

nos vemos embaraçados pela ferramenta da linguagem que nos constitui.

A aposta aqui é que nosso desamparo estrutural — que nos torna intrinsecamente humanos — só pode ser suportado à medida que é reconhecido por nós. E, como o reconhecimento é algo que depende da relação com o outro, seguimos aqui, tentando nomeá-lo.

Estaríamos, então, condenados a tentar colocar em palavras um mundo que sempre nos escapa e a, paradoxalmente, viver o prazer de recriá-lo a cada tentativa. Se não podemos chegar ao fim dessa empreitada, devemos, no entanto, assumir o tempo de concluir. Nele algo de inteiramente novo se institui por um ato, marcando um antes e um depois.

Sigamos então rumo ao que é possível e, portanto, o que é potente, sem a pretensão adoecedora de alcançar qualquer platô de felicidade.

1. Aprendendo a ser pais ausentes

UM HUMANO SAI EM BUSCA de um mamute, persegue-o durante o dia todo, arma a emboscada e, depois de inúmeras tentativas, consegue matá-lo e abocanhar seu quinhão de carne. Em seguida, exausto, volta para casa com o firme propósito de deitar e rolar no tapete com o filho, contar historinhas repetitivas e ignorar a bronca merecida no pimpolho, pois, afinal, trata-se de um pai/mãe ausente o dia todo. Antes de dormir, ainda se verá no espelho com um olhar de feroz reprovação pela falta de tempo e de pique para a ginástica, para o sexo e para a vida social.

Bem-vindo à "geração cem por cento", que acredita que pode e deve dar conta de tudo e de fazer escolhas que não impliquem perdas. Uma aluna comentou esse fenômeno sabiamente: "Escolha sua perda!". Sim, é disso que se trata.

Uma ínfima parcela da população pode se dar ao luxo de não ter que caçar seu mamute diariamente. Além disso, temos outras aspirações, que nos fazem mais do que caçadores de mamutes, que nos fazem humanos. Ainda assim, somos assombrados pela ideia de que nossos filhos serão traumatizados pela nossa ausência. Aqui funciona a lógica de que pai e mãe são oxigênio e qualquer outro adulto cuidando deles será fatal para o seu desenvolvimento. Lógica capitalista do individualismo, do semelhante como ameaça e da entrada do especialista no lugar dos laços sociais.

Nossos filhos viverão em média quatro a cinco décadas além de nós, ou seja, os deixaremos órfãos, na melhor das hipóteses — ausência fundamental que marca o sentido da parentalidade, pois implica que criemos sujeitos rumo à autonomia. Portanto, trata-se de reconhecer que nossa participação na vida deles só tem sentido se apontar para além de nós mesmos, para os laços sociais e o mundo.

Mas temos outras ausências, menos radicais do que a morte, com as quais devemos aprender a lidar. Nos ausentamos trabalhando, nos ausentamos amando outras pessoas, amando outras coisas e amando a nós mesmos. Para o bem da saúde mental dos nossos filhos, temos outros interesses e outras fontes de prazer e realização, o que lhes permitirá tê-los também. Ninguém merece ser tudo para um pai ou uma mãe. Por outro lado, nenhum adulto merece criar uma criança sem ajuda, sem respiro e tendo que gostar de brincar por obrigação. Crianças devem conviver com vários adultos reais, limitados, sinceros, honestos e protetores, sejam familiares, sejam profissionais. E, preferencialmente, estar com outras crianças.

A tarefa parental é imensa e vitalícia e será exercida por quem assumir essa responsabilidade radical, não cabendo aqui diferenciar entre homens e mulheres, pais e mães. Quem assumi-la só poderá fazê-lo a partir de suas escolhas e com as consequentes perdas, sem transformar a parentalidade num poço de ressentimento e culpas, cuja conta quem paga são os filhos.

Então, façamos a lição de casa e nos perguntemos o que realmente é possível para cada família específica, para além de um mundo fantasioso no qual os pais se dedicariam integralmente aos filhos (como se isso fosse bom para as crianças)! Nos perguntemos também o que é desejável para nós, pois a presença ressentida não passa despercebida aos pequenos. Ao deixá-los com outros, sejam familiares, sejam profissionais, cabe assumir essa escolha, não valendo o controle remoto, que enlouquece avós, babás e professores. Enfim, escolha sua perda e aprenda a se ausentar. As novas gerações agradecem.

2. Casais com filhos

ESCUTAMOS NO DIVÃ ADULTOS RECONHECENDO, não sem arrependimento, que tiveram filhos porque "é isso que pessoas casadas fazem" ou porque "é a ordem natural das coisas". Não se aventa o fato de a pessoa nunca ter gostado de bebês ou crianças, ou nunca ter desejado tornar-se responsável por alguém por anos a fio. Isso parece não vir ao caso nessa inércia reprodutiva. Têm-se filhos porque têm-se filhos, ou seja, têm-se filhos para responder a outras questões, por vezes inconscientes e nem sempre acessíveis, tais como: provar-se adulto, competir com os próprios pais, sentir-se suficientemente "mulher" ou "homem". Enfim, existem tantas razões e fantasias quantos sujeitos. Honestamente, nenhuma razão é muito gloriosa, afinal somos humanos, demasiadamente, e nossas motivações são sempre um pouco toscas. Talvez isso aumente o valor de cuidarmos tanto e tão extensivamente de alguém que nunca poderá corresponder às nossas fantasias. Temos filhos e, com sorte e dedicação, nos apaixonamos suficientemente por eles e eles por nós.

Para além das questões individuais, os bebês caem de paraquedas na realidade de um casal que bem ou mal já tinha um funcionamento prévio (isso quando a mulher não se vê abandonada, ato contínuo, ao conceber ou ao parir). A partir daí temos três onde havia dois pombinhos ou dois galos de briga. E três é um número difícil de conciliar. Quem vai ficar

Casais com filhos 25

de fora do par? Papai, mamãe ou pimpolho? Isso nos faz relembrar as primeiras situações nas quais fomos parte de um triângulo amoroso, e o filhinho que fomos pode reaparecer querendo a revanche por ter sido, na melhor das hipóteses, expulso da cama dos pais. Ciúmes, ódios e grudes nos convidam a rever posições, caso contrário o sofrimento e o sintoma nos obrigarão a encarar o que ficou pendente. A chegada de outros filhos cria outros triângulos não menos trabalhosos. Além disso, o bebê que um dos pais sonhou não é o mesmo que o outro sonhou. E é fácil que o bebê se transforme na corda de um cabo de guerra, pois um pai pode esperar que o filho seja super bem-sucedido e independente, enquanto o outro deseja que ele seja todo amor e devoção à família, duas aspirações por vezes antagônicas. O casal que até então só tinha que decidir a cor dos armários da cozinha juntos passa a tomar decisões que determinarão o futuro da humanidade — humanidade do bebê, pelo menos — e seguem os pais, que formavam um belo casal, rumando a passos largos para o divórcio.

O casal que se bastava, ao ter um filho logo descobre que abriu a porteira para a família estendida. Porque o filho tem avó (pois é, a sua sogra!), avô, tios, primos... e cada parente tem suas próprias fantasias sobre o que deve ser e ter um bebê. Para cada mãe e pai que enche a boca dizendo MEU filho, tem uma comunidade inteira usando o mesmo pronome possessivo.

A ideia não é fazer um texto contraceptivo (embora, por vezes, seja o caso de fazer outra coisa, no lugar de ter filhos), mas apontar o automatismo do "temos filhos porque os temos". E talvez propor que tenhamos filhos porque gostamos do slogan que circula nas redes sociais: "Quer uma vida selvagem? Tenha filhos!". Lembremos, no entanto, que nessa selva os bichos moram dentro de nós.

3. O preconceito nosso de cada dia

"MÃE, O QUE É BICHA?", me perguntou minha filha aos cinco anos. Ao que respondi que era um jeito de xingar meninos que namoram meninos. Ela insistiu: "Que nem o tio fulano namora tio ciclano?". "Sim." "Mãe, não entendi." "O que você não entendeu, filha?" "Não entendi, por que isso é um 'xingo'!?"

Para minha filha soava incompreensível xingar o outro de algo que a seus olhos não o desabonava, afinal qual o problema de menino namorar menino? É duro ter que apresentar o preconceito para uma criança, e mais duro ainda é quando a criança descobre, atônita, ser alvo dele. Lázaro Ramos traz em sua biografia (*Na minha pele*, 2017) a angústia de ter de explicar aos filhos pequenos o que é nascer negro no Brasil, diante da violência que os aguarda.

Nos iludimos ao imaginar que o preconceito seja erradicável. Somos preconceituosos de saída, uma vez que nosso cérebro economiza energia ao catalogar nossas experiências. Se você foi mordido por um cachorro, é provável que atravesse a rua diante da iminência de cruzar com um, mesmo que seja um inofensivo poodle.

Mas onde o outro "nos morde", digamos assim? O que tememos diante do outro? O que tememos diante do sexual, do estético, do estilo de vida, da raça, da religião, enfim, das

O *preconceito nosso de cada dia* 27

escolhas, dos desejos e das condições de existência do outro? Um amigo calvo dizia brincando que encontrar-se com um homem de peruca era uma espécie de afronta mútua. Como você exibe o que eu escondo, ou esconde o que eu exibo? Sempre teremos as diferenças inconciliáveis, mas o mal-estar que leva à violência, esse que mata e promove injustiças, revela nossa impossibilidade de lidar minimamente conosco. Revela a incapacidade de assumirmos nossa inconsistência e o fato de sermos estrangeiros a nós mesmos. Ferreira Gullar, no poema "Traduzir-se", tece os desfiladeiros desse desencontro com a gente mesmo: "Uma parte de mim/ é permanente:/ outra parte/ se sabe de repente". É doloroso reconhecer que há algo em nós que sempre nos escapará, e que Chico Buarque eterniza em sua música "O que será (À flor da pele)", de 1976: "O que será, que será, que dá dentro da gente, que não devia, que desacata a gente, que é revelia?".

É no contato com o outro que essa parte de mim emerge à revelia e me surpreende. Há formas diferentes de lidar com esse temor. A eliminação pura e simples do outro, como no caso dos jovens negros (e esse raciocínio vale para pessoas trans, mulheres, imigrantes...), pode dar a delirante sensação de que o perigo, sempre suposto como vindo de fora, está sob controle. Há quem opte pelo isolamento para não ter o desprazer do encontro duvidoso (embora, é claro, logo perceba como a vida pode ser insuportável quando eliminamos também qualquer chance de haver o encontro prazeroso). Há quem assista a injustiças e violências passivamente e negue que com isso tenha uma participação ativa no desenrolar dos fatos. Há os grupos coesos que buscam se defender das violências externas ignorando suas próprias violências internas.

O preconceito nosso de cada dia é inevitável. A questão é o que fazemos com ele, questão ética incontornável. Sair matando, criar leis nefastas, assistir impassível às violências são escolhas que revelam o ódio à nossa própria humanidade.

4. Enxurrada político-onírica

Duas mulheres nuas estão penduradas pelo braço, com os pés sobre dois pedestais nos quais mal se apoiam. De cima de cada uma jorra incessantemente um fio de sangue. Ao fundo um desenho alude a uma caravela. Estamos na senzala, na Inquisição, em Guantánamo, na ditadura militar ou na diuturna perseguição a transexuais?

Não há conversa, corriqueira que seja, que não acabe na constatação de que vivemos tempos difíceis. As discussões atuais fazem supor que a humanidade já foi, em algum período, melhor que isso. Argumento difícil de sustentar, bastando lembrar Inquisição, escravidão e guerras para que capitulemos na defesa do passado. Mas temos que convir que hoje a questão do tempo é algo inédita. O descompasso entre o tempo externo, das redes sociais, e o tempo interno, dos nossos afetos e de nossa compreensão, é assustador. Tudo é rápido e é muito, é tudo muito rápido. Esse troço chamado modernidade não tem perspectiva de freio, nem amortecedor. Ainda assim, que o saudosismo não nos sirva de guia em direção à barbárie (lembremos o clamor de alguns pela volta ao regime militar!).

Uma mulher corre em círculos entre pedaços de corpos, chamando desesperadamente por alguém, ao som de metralhadoras.

Outra mulher rega cuidadosamente um jardim de guarda-chuvas imprestáveis. Estamos em 11 de setembro, em Alepo ou na periferia de São Paulo?

Os tempos do sujeito, tempos de cada um de nós para amar, odiar, desejar, são incomensuráveis e regidos pelo nosso inconsciente. Quanto tempo dura o luto de um grande amor, o ressentimento de uma humilhação, o efeito da descoberta de um segredo familiar? Tememos as manifestações do inconsciente e fazemos de tudo para ignorá-las. Só levamos uma psicanálise a cabo porque não suportamos conviver conosco e porque nossos jeitos de tentar driblar as angústias geram sintomas sofridos demais. Fazer análise "para se conhecer melhor", como se fosse turismo, é papo furado de estudante de psicologia.

Duas mulheres, sustentadas por cabos, flutuam numa coreografia de tirar o fôlego, ora como personagens kafkianos, ora como amantes/rivais. Somos a profusão de laços e desencontros, sexo e socos, que suspira por um simples abraço?

Os sintomas são como uma mensagem colocada numa garrafa e jogada ao mar por nós mesmos na esperança de que os encontremos e os leiamos. Tentar ignorá-los equivale a queimar a mensagem antes de a ler e, pior, não nos livra deles. O desamparo é afeto inerente à experiência humana. Os efeitos sobre o laço social se dão à medida que acreditamos que alguém poderá nos salvar do desamparo. A busca por um salvador serve como uma luva às tiranias de plantão. Como tem apontado com rigor Vladimir Safatle, nada mais alarmante no Brasil de hoje do que a instrumentalização política dos afetos de medo e esperança.

Enxurrada político-onírica 31

Dilúvio, peça arrebatadora de Gerald Thomas, da qual saíram as cenas descritas, revela a forma que o artista encontra para lidar com o caos das angústias, que tanto nos movem quanto nos paralisam. De uma coragem explícita, a encenação aponta para a arte como alternativa ao terror.

Aos que lutam contra a barbárie todos os dias, de diferentes formas, nossos profundos aplausos.

5. Não sei se vou te amar

NO COMEÇO TINHA O HELICÓPTERO que você ouviu na sala de ultrassonografia e que te explicaram ser o coração do seu bebê. "Tão rápido, está tudo bem?", você pergunta com um nó na garganta, ou lágrimas, ou espanto, ou qualquer reação — e na falta dela. Um centímetro e meio com um microcoração batendo a mil. Inacreditável.

Não se impressione se a gestante for a mais espantada, incrédula ou desafetada diante da notícia da gestação. Nada poderia ser mais bizarro do que ter alguém se formando dentro de si. É bem mais fácil imaginar a existência de um bebê estando do lado de fora.

Se você desejava um filho e se essa gestação for depositária desse desejo, alguma coisa pode rolar entre pais e bebês. Nem sempre há desejo de filhos e, ainda, nem sempre o desejo de filho coincide com aquela gravidez.

Entre o filho que você queria ter — solução edípica que pode se transformar em outras realizações igualmente satisfatórias — e o helicóptero de 1,5 centímetro, existe a distância entre o sonho e a realidade.

Você não sabe o sexo, o gênero ou a orientação sexual — marcadores pelos quais nossa cultura é obcecada e que em alguns grupos humanos são desimportantes até a puberdade.

Não sei se vou te amar

Você não sabe a aparência, o temperamento, as manias, os limites, os defeitos e as qualidades. Se o ama, o faz às cegas, ou melhor, ama o bebê que você sonhava ter.

Talvez você ame ser capaz de ter um bebê, imitar seus pais, vir a ser nomeada/o mãe/pai, ter uma descendência, manter ou forçar uma relação conjugal, ser considerada/o adulta/o, cuidar de alguém, educar alguém, imitar seus amigos/as, entrar para o clube de mãe/pais, sentir-se mulher/homem. Talvez um pouco de cada coisa.

E o que o Pequeno Polegar tem a ver com isso?

Embora o afeto não seja exatamente dirigido à pessoa do bebê — mesmo porque essa pessoa a rigor ainda não existe —, pode ser que ele caia nas graças dos futuros pais e acabe ficando no lugar do sonho. Às vezes o bebê não é sonhado e vem como um estorvo. Como amor entre humanos é fruto de convivência, reconhecimento, cuidado, autoestima, mesmo esses casos podem acabar em excelentes relacionamentos. Ou não. O amor pode ocorrer onde menos se espera e ratear onde contamos com ele. O maior medo humano é da nossa própria humanidade, assim preferimos acreditar em garantias inexistentes a encarar que não há amor automático. Mas há a dignidade de reconhecer que não foi possível amar e tentar oferecer o melhor para a criança. O pior seria lhe imputar nossas limitações, ou, ainda, sugerir que o problema é da criança e não um triste desencontro. Como a criança espelha nossas fantasias, nem sempre gostamos do que elas nos revelam do estranho a nós.

Se não há garantias para que o amor aconteça, tampouco há para que permaneça. A cada nova etapa somos apresentados a um sujeito diferente: bebê, criança, pré-adolescente,

adolescente, jovem adulto, adulto, velho. E a cada nova etapa temos que nos transformar — não sem susto — em um novo pai/mãe. Pais de bebê cuidam sem parar, pais de criança cuidam sem parar e põem limite o tempo todo, pais de adolescentes cuidam, põem limites, mas os recebem também. Como se diz: "é como videogame, a cada nova fase fica mais difícil". Eu completaria: a cada nova fase você se depara com um estranho que jurava conhecer desde sempre, mas obviamente não. Diante de uma gestação, só o tempo dirá o que seremos capazes de construir juntos. Não é assustadoramente promissor?

6. Gestar, parir e ficar um tanto louca

Aquela jovem sossegada, cuja maior preocupação era manter a chapinha do cabelo em dia, incapaz de gerir a arrumação do próprio quarto, acaba de ter bebê e você descobre uma fera irreconhecível que não deixa ninguém chegar perto do pimpolho? Aquela que não acordava no fim de semana antes das onze da manhã agora passa as noites com um olho aberto e outro fechado, pronta para pular no berço e verificar se o pequeno continua respirando, como se houvesse mágica conexão entre o olho dela e os pulmõezinhos da criatura? Até o maridinho — tão atônito quanto ela — está na lista de suspeitos de colocar a saúde do bebê em risco? Ela nem pensa em oferecer café para as visitas, mas já mencionou álcool gel cinco vezes? A sogra e/ou a mãe caiu em desgraça aos olhos dela e tornou-se um risco eminente? Você pede para pegar o fofo no colo e ela faz uma cara de "como assim!?"?

Basicamente, ela está um tanto louca.

Winnicott, pediatra e psicanalista inglês, cunhou nos anos 1950 o conceito de "preocupação materna primária" para tentar dar conta desse momento enlouquecido especial, uma vez que se trata de uma loucura fora da patologia, ou seja, não tratável e temporária.

Dentre os desafios da chegada de um bebê, gestar e parir têm suas peculiaridades. A parturiente vê sair de seu corpo uma parte de si mesma — experiência disruptiva que cobra um preço do psiquismo materno e que não será vivida por pessoas que não gestaram. Ao mesmo tempo que pode estimular a identificação com a maternidade, é um complicador na hora de se separar do bebê que nasce. É como se as visitas estivessem pedindo para pegar no colo um pedaço do seu corpo que está fora de você. "Posso pegar seu coração no colo um pouquinho? Levar para dar uma volta?" Haja álcool gel!

É uma experiência incompreensível para quem não passou, e — ora vejam só! — quem passou geralmente se esquece. (Winnicott também apostava que haveria um apagamento recorrente da loucura dessa fase.)

Mas por que sofrem tanto essas mãezinhas recém-nascidas? Muito frequentemente por se sentirem fragilizadas, lidando com um mundo de perdas e adaptações, e, na maior parte das vezes, por serem profundamente incompreendidas. É difícil mesmo, para quem está de fora, compreendê-las em seus excessos. Junte-se a isso o fato assustador de que em sua maioria são recém-operadas — o pós-operatório é incompatível com a tarefa de cuidar de um bebê — e teremos sofrimentos desnecessários, por vezes quadros mais graves.

Já do lado do bebê, com ou sem loucura materna, havendo um adulto com disposição para oferecer amor abnegado e dedicação física e moral ininterrupta, as coisas podem ir muito bem. Não existe grande vantagem no excesso de comoção a que chegam essas mães, por vezes francamente extenuante, mas cria-se uma vigilância que a evolução da espécie pode ter tentado garantir — embora o ser humano

Gestar, parir e ficar um tanto louca

não seja tão obediente ao chamado da natureza quanto os demais seres vivos.

Enfim, cada pessoa terá que enfrentar o desafio da chegada de cada bebê — ele também com suas peculiaridades — a partir das condições disponíveis. Lembremos apenas que a pessoa que pariu e está identificada com a maternidade tem, na separação entre corpos, a cereja do bolo.

7. Torcer pelo Brasil

NA FINAL DA MÍTICA COPA DE 1970, eu tinha cinco anos e pintaram a bandeira do Brasil nas minhas costas com tinta óleo. A televisão em preto e branco de doze polegadas transmitia o jogo cercada por um bando de gente que se sobressaltava, gritava, xingava, ria e chorava. Eu nunca tinha visto adultos agindo de forma tão desordenada, usurpando o lugar habitual das crianças. Acontecia uma estranha inversão entre a excitação deles e nossa perplexidade infantil.

Algo importante estava ocorrendo lá, questão de vida ou morte. Filhos e netos de italianos, torcíamos pelo Brasil contra a Itália, como se não houvesse amanhã. A tão aclamada Itália de meus avós era xingada de todos os jeitos, seguidos de reprimendas, pois as crianças estavam na sala. Da língua de meus avós reconhecíamos alguns palavrões, que repetíamos para depois levar uma bronca com pouca convicção. Macarronada e caipirinha compunham os clichês de dois mundos.

Ao ser informada da nossa vitória — pois não teria como deduzi-la pelo pouco que via e entendia do jogo —, me pus a comemorar loucamente. Cantávamos a música da seleção e a promessa era de que algo mágico aconteceria com aquela vitória. Eu não poderia saber o quê, mas era certo que a partir dali tudo o mais seria possível. Carros passavam buzinando e fogos espocavam por todos os cantos. Meu pai chorava abraçado a alguém. A Itália nunca seria a mesma para mim, agora que eu sabia que na hora da guerra erámos brasileiros e não italianos, e nos orgulhávamos disso.

Nos orgulhávamos da seleção brasileira, que tinha até negros! — para deleite da nossa torcida, que se sentia igualitária, sem preconceitos. Tínhamos um rei negro, Pelé. Não éramos racistas, éramos o povo da miscigenação. Mal sabia eu que era apenas ali que negro era "rei", pois fora desse campo mágico nunca havíamos tido um amigo de outra raça até então. Pessoas negras circulavam à minha volta servindo, mas não estudavam no mesmo colégio, nem frequentavam o mesmo clube ou lojas. Simplesmente vivíamos num país de brancos, com serviçais negros. Lembremos que um pouco antes o futebol era proibido para "pessoas de cor" — como se branco não fosse cor —, daí o famoso "pó de arroz" para disfarçar. O Brasil era o país do futuro e até a ditadura, que corria solta torturando e sufocando qualquer oposição, era eclipsada pela mágica do futebol.

Depois da vitória, fomos para o terraço sobre a garagem do sobradinho geminado gritar o máximo possível para as pessoas que passavam e buzinavam. Meus irmãos adolescentes resolveram sair com os amigos para comemorar na avenida Augusta, que fazia as vezes da Paulista de hoje. Claro que eu não estava convidada. Eu era apenas uma pirralha de cinco anos agigantada pela epifania da vitória e pela fantasia de igualdade. Fiquei inconsolável, não acreditava que seria deixada de lado depois de toda aquela comunhão entre faixas etárias, raças, classes e gêneros. A festa acabou para mim naquela separação, enquanto a tinta da bandeira do Brasil pinicava minhas costas insuportavelmente.

Desde então juro que não vou assistir e não vou torcer pela seleção na Copa do Mundo. Mas a cada ano, como um mau hábito, me pego torcendo. Torcida incorrigível que não saberei nunca se é exatamente pela seleção de futebol. Me pergunto se não seria por aquele vislumbre que tivemos de um país igualitário e moderno, embora de fato não o fosse. Por essa promessa, tenho certeza que ainda torço.

8. Santo de casa não faz milagre

VOCÊ PODE TER A SEU LADO o melhor dos companheiros, daqueles que não acham que estão te fazendo um favor ao "ajudar" e que sinceramente sabem suas responsabilidades junto aos filhos. Um cara maduro o suficiente para não sentir sua virilidade ameaçada por cuidar de crianças, nem obcecado pela carreira de tal forma que eliminaria qualquer chance de conviver com a família. Um tipo de homem que já foi inimaginável e tão fácil de encontrar quanto um unicórnio passa a ser cada vez mais comum, cultuado e exigido. Talvez você seja a sortuda que se casou com um.

Tendo a melhor aposta de pai e companheiro a seu lado, vocês decidem ter filhos. Cinquenta/cinquenta, não é? Não.

Haja a revolução social que houver, o ciclo gravidez, parto e pós-parto cobra um preço inexorável de quem gesta. Os enjoos e o sono do primeiro trimestre — tente escrever uma tese com as pálpebras fechando! —, as infindáveis consultas, as avaliações médicas, a abstinência alcoólica, a experiência acachapante do parto, a corrida de obstáculos da amamentação tiram qualquer dúvida de que a conta não é divisível por dois.

Na reprodução humana, o corpo de quem gesta está totalmente comprometido por, no mínimo, um ano — mas, de fato, eternamente.

Os homens, mesmo os descritos antes, não têm como dividir isso com a mulher, e por vezes chegam a invejar a experiência que jamais terão — nesse sentido, temos que dar graças aos céus por pelo menos um ficar fora dessa loucura. Além disso, por esse recolhimento, necessário para termos filhos, as mulheres são penalizadas em suas carreiras de forma clara. O famoso "quem pariu Mateus o embale" funciona de forma exemplar, sobretudo se ela trabalha — o que implica a maioria absoluta das mulheres hoje. Enquanto o homem recebe felicitações no trabalho pela futura paternidade, o afastamento físico, cognitivo e psíquico da gestante cobra seu preço na carreira e na vida pessoal.

Diferentes culturas, em diferentes momentos históricos, deram e dão diferente valor às mulheres no período reprodutivo. Se estamos colocando gestantes e mães de bebês nessa sinuca, isso se dá dentro de um processo histórico e, como tal, pode e deve ser criticado. A reprodução é fato da natureza, mas a forma como lidamos com ela é fato da cultura. A solução social contemporânea tem sido deixar para a mulher o ônus econômico e pessoal da reprodução.

A "saída" buscada pela biotecnologia se resume a encontrar meios tecnológicos de prescindir do corpo da mulher na gestação, processo chamado de ectogênese.

Deitam em nossos divãs mulheres ressentidas, injustiçadas, deprimidas e raivosas diante do fato de que na hora da maternidade, por mais equânime que possa ser a relação com o companheiro, algo sobra para elas. As cobranças impossíveis de serem atendidas por maridos dedicados, que não sabem mais como responder ao sofrimento delas — que se tornaram

Santo de casa não faz milagre 43

mães e irascíveis na mesma medida —, têm levado muitos ao divã.

A questão é que, enquanto negarmos essa diferença incontornável da reprodução e esperarmos que os maridos deem conta de uma tarefa que precisa ser pensada coletivamente, casais cheios de qualidades e boas intenções continuarão a se debater numa disputa sem saída. Não há santo de casa que faça esse milagre.

9. Para quem pensa que escola é prédio

UM DIA MINHA FILHA SOLTOU uma frase que me deixou horrorizada: "Detesto matemática". Como uma criança que está apenas começando a aprender um assunto tão rico e desafiante pode emitir uma opinião definitiva dessas? Foi preciso que o professor do ano seguinte, sensível à sua dificuldade, aparecesse para reverter a situação. Ele não desistiu dela e passou a apostar dobrado. Chamando-a de "senhorita", muito respeitosamente, foi puxando o fio de seu interesse e curiosidade ao mesmo tempo que incentivava sua perseverança.

Passado um tempo, na fila para comprar fichas da festa junina da escola, ela me alertou que seu professor de matemática, a quem eu não conhecia, estava na barraca.

A cena que se seguiu foi puro constrangimento. Não me furtei a derramar elogios a um senhor de chapéu de palha e cavanhaque falso acuado dentro de um quadrado de madeira decorado com bandeirinhas. A fila engrossava, enquanto eu, emocionada, dizia para ele tudo o que penso sobre a incrível tarefa de educar e sobre seu talento pessoal. Minha filha se escondia atrás de mim, imaginando como seria voltar para a escola depois de seu professor preferido ter sido atacado por uma mãe agradecida — tipo bem constrangedor. Aposto que

Para quem pensa que escola é prédio

ele conta essa anedota para ilustrar embaraços da profissão — não sem um toque de orgulho.

Explico meu entusiasmo. O caso é que não vejo outra saída que não a educação, para grande parte dos problemas que enfrentamos. Não há estudo relativo aos problemas no trânsito, com o voto consciente, com a cidadania, com o racismo, com a violência obstétrica, com a questão das drogas... que não desemboque na necessidade de melhorar a educação.

A educação não pode ser confundida com acúmulo de informações, obviamente, pois isso a internet oferece a qualquer criança que saiba se sentar. Ao contrário, trata-se da capacidade de lidar criticamente com as inúmeras informações que nos chegam. Não temos mais como proteger nossos filhos dos estímulos, como gostaríamos, e como deveríamos, mas temos como ajudá-los a questionar, avaliar. Mais do que nunca o papel do intermediador entre o mundo e a criança se torna fundamental. Não nos furtemos.

Os pais têm investido pesado no ensino particular, desde que a escola pública foi deixando de ser uma opção, destinando uma porcentagem considerável da renda familiar à escolaridade dos filhos. Isso revela um crescente reconhecimento da importância da escola? Depende do que cada um entende por "escola".

Promessas como prédios que parecem shopping centers e bunkers de educação bilíngue — febre atual — muitas vezes passam longe da preocupação com a qualidade da proposta pedagógica, e mais longe ainda das condições de trabalho do profissional que se ocupa dos nossos filhos.

Lembremos que, mesmo quando a proposta pedagógica de uma escola é excelente, não são os donos do negócio que executam essas propostas. São os professores, no dia a dia com nossos filhos, que transmitem aquilo a que tanto desejamos que eles tenham acesso: amor pelo conhecimento.

Minhas filhas tiveram o privilégio de estudar em escolas excelentes, com instalações apropriadas e projetos pedagógicos arrojados, mas não foi aí que se deu a diferença. Foi isso que tentei expressar para o professor de matemática.

Nesses últimos tempos, muitos jovens, cientes do que estava em jogo, escreveram manifestos e saíram às ruas em defesa dos professores da rede particular. Mesmo nas escolas que têm, sabidamente, as melhores condições para o profissional do ensino, foi a solidariedade que imperou. Essa lição tem sido das mais raras e necessárias nesse momento.

10. As primeiras psicanalistas

A PRIMEIRA MULHER A SER ACEITA no grupo de psicanalistas capitaneado por Freud chamava-se Margarete Hilferding. Reunidos desde 1902 para discutir a teoria recém-criada, os arautos da psicanálise confabularam bastante antes de permitir que uma mulher (médica, é claro) entrasse no clube. Que o assunto "mulher" — seu desejo, sua histeria — fosse onipresente na teoria psicanalítica não foi justificativa suficiente para que uma mulher de carne osso entrasse nas reuniões — fato que por fim se deu em 1910.

Um ano depois, Margarete Hilferding profere uma conferência, disponível no livro *As bases do amor materno* (1991), de Teresa Pinheiro, na qual revela uma teoria incrivelmente atual. Margarete fala basicamente duas coisas: a primeira é que o amor materno não é instintual e é ambivalente. A segunda é que o parto é um evento erótico. Passados 107 anos, as duas afirmações ainda arrepiam a nuca de marmanjos e marmanjas.

Quanto à primeira afirmação, Freud discordou. Embora o criador da psicanálise fosse enfático ao afirmar a natureza ambivalente do amor em geral, ele fez uma ressalva: o amor materno seria o único livre de ambivalência. Principalmente se for o amor da mãe por um filho homem. De uma tacada só o pai da psicanálise contrariou sua própria pesquisa sobre a natureza do amor e, ainda, colocou os meninos como o suprassumo da maternidade. Escorregada comoventemente ingênua, que não deixa de causar vergonha alheia. Homenagem maior do que essa à própria mãe e a si mesmo devem existir poucas. Conrad Stein, em *As erínias de uma mãe: Ensaio sobre o ódio* (1988), puxa a orelha do mestre vienense com boa dose de humor.

Se Freud foi o gênio capaz de falar da sexualidade no bebê, para horror da sociedade vitoriana de sua época, como não foi capaz de bancar o ódio da mãe pelos filhos, tão facilmente observável? Mesmo depois de uma psicanalista, ela mesma sendo mãe, afirmá-lo com todas as letras? Em defesa de Freud, temos que reconhecer seu mérito em criar uma teoria, um método de pesquisa e uma forma de tratamento que se baseiam na crítica perene de seus próprios pressupostos. Enfim, a psicanálise é maior do que os psicanalistas.

Mas por que será que recuamos diante do ódio materno? Por que será tão duro reconhecer que o amor entre mãe e filhos é igual aos outros e ainda por cima tem alguns complicadores?

Insistimos em acreditar que somos a última bolacha do pacote para o outro. Imaginar que esse outro, de quem dependemos de maneira integral nos primórdios, pode ter sentimentos mundanos por nós é apavorante. Afinal, não poderíamos ter nos defendido, caso o ódio passasse à ação. Além disso, a mentalidade, que começa na modernidade, de que o amor é instintual dá lugar à idealização. A função principal de idealizar algo é varrer para debaixo do tapete tudo o que escapar ao ideal. E sabemos como basta uma escorregadinha para que a poeira guardada empesteie o ambiente.

As primeiras psicanalistas

Se você achou esse tema indigesto, talvez prefira ignorar que Margarete Hilferding afirma também que o parto tem um caráter erótico, antecipando em quase um século a "descoberta" do erotismo na cena de parto.

A sexualidade no parto é como o nariz no rosto, tão próximo dos olhos que se torna invisível. Afinal, o parto é a culminação de um evento que começa com o ato sexual e se desenrola no corpo, que só perde o caráter sexual quando morre. Convenientemente associado a um evento ora cirúrgico, ora sagrado, ora midiático, o parto foi ficando cada vez mais asséptico. Enfim, as primeiras psicanalistas não estavam para brincadeira. Estaremos à sua altura?

11. Separar para não divorciar

A PSICANÁLISE TEM AS MELHORES e as piores notícias sobre o amor. Os românticos que me desculpem, mas o amor pode ser bem melhor quando encarado sem nenhuma firula. Um amigo dizia: "Minha vida já é ótima e junto com minha mulher é excelente. Sem ela, volta a ser ótima". A mim soa como uma boa forma de encarar o amor. Um psicanalista seria menos otimista quanto à vida "ótima", mas está valendo. Em *A trégua* (1960), romance de Mario Benedetti, o amor é um oásis efêmero no deserto da vida. Por vezes encontramos esse outro em quem apostamos para tornar a vida menos árida ou, se preferir, excelente.

Na clínica psicanalítica, no entanto, são recorrentes os casais que se odeiam há décadas sem abrir mão do casamento, acusando o parceiro de ter lhes roubado os melhores anos de suas vidas. Alguns seguem o raciocínio de que foram traídos, pois quando casaram a pessoa mostrava-se de um jeito, para depois revelar-se o oposto. Sentem-se enganados há anos, mas não assumem que reiteram o engano do qual se queixam a cada dia que permanecem casados. Vale a pena reler o conto "Retorno e terno" de Rubem Alves (*O retorno e terno*, 1992), no qual ele descreve um diálogo com o Diabo sobre a melhor "cola" para manter o casamento. O Diabo argumenta que o ódio é a cola mais potente. Justifica sua tese afirmando que

Separar para não divorciar 51

quem odeia não quer ver o outro livre e feliz. Daí a insistência em permanecer infelizes juntos. Já no amor a separação pode ser mais fácil, pois prioriza-se a felicidade e a liberdade do outro.

A vida de casal pode funcionar como um álibi desconfortável, no qual justificamos o fato de não fazermos o que queremos porque o outro nos impede. Caso estivéssemos sozinhos faríamos tudo e algo mais. Daí a dificuldade de ficar só e ter que assumir que talvez a covardia nos assole. O uso do álibi só não é confortável porque causa ressentimentos e frustrações cada vez maiores conforme os anos avançam.

Nos casais é comum acusarmos o outro de ser ele mesmo! As características de cada um são alçadas a defeitos. O tímido passa a ser acusado de ser tímido e o exuberante, de ser exuberante. Quem gosta mais de sexo é tarado/insaciável, quem gosta menos é frígido/impotente. Usamos o outro para afirmar nosso jeito como "o" jeito certo e, ainda por cima, viver através dele sua vida de tímido ou exuberante, por exemplo.

Uma relação na qual o outro não seja usado como desculpa para nossas escolhas, nem para reafirmar nossa forma de ser, tampouco para reencenar nossas fantasias inconscientes, implica certo grau de separação. Implica assumir que não somos capazes de fazer uma pessoa feliz, e que ela também não terá o poder de nos fazer feliz, ainda que a vida possa ficar bem melhor tendo alguém bacana ao lado.

Muitos casais chegam juntos à análise desejando — ou temendo — que o analista lhes diga quem está certo e quem está errado. Nada mais equivocado do que imaginar vítimas e algozes num casal que se mantém como tal. Aos poucos, vão percebendo que a melhor forma de permanecer casados é separando as questões de cada um, desenganchando suas fantasias e correndo o risco de estar juntos apesar do ódio, não por causa dele. Correndo o risco porque, quando o que une é o amor e não o ódio, como dizia o Diabo, a cola é mais frágil. O filme *Desobediência*, de Sebastián Lelio, de 2017, dá uma aula sobre o assunto.

A melhor forma de se divorciar também é aprendendo a se separar. Todos conhecemos casais divorciados há anos que nunca se separam de verdade, permanecendo fiéis ao ex seja na adoração, seja na execração.

Para quem sofre porque acha que o parceiro é a última bolacha do pacote ou a causa de todos os males, a sugestão é simples: tenha uma vida.

12. Em busca do autodesconhecimento

COMECEI MINHA ANÁLISE NO SÉCULO passado com o firme propósito de dar um basta em meus sintomas, mas também com outras aspirações mais ambiciosas. Cheguei lá dizendo que, antes de tudo, buscava o autoconhecimento. Embora não o admitisse, no fundo acreditava que isso me levaria para além da massa alienada. O autoconhecimento me proporcionaria aquele olhar condescendente de quem não apenas tem domínio sobre quem é, como ainda saca tudo o que se passa com os outros ao redor.

O autoconhecimento parecia uma proposta mais empoderada e digna do que a ideia de me deitar no divã e me reconhecer atônita e sofrendo. Eu era apenas uma adolescente apavorada com minhas descobertas sobre o amor, a sexualidade e a morte, sem saber a melhor maneira de lidar com o "tudo ao mesmo tempo agora" da vida adulta. Admirava pessoas que pareciam não ter dúvidas nunca. Mal podia esperar para me juntar ao rol dos sujeitos certos de si, que não titubeiam, descrevendo a si mesmos com precisão enciclopédica. Para a psicanálise a certeza absoluta, sem titubeios, é a marca da paranoia.

É claro que ao longo da análise nos conhecemos mais e grandes embaraços são desfeitos a partir do momento em que acessamos nossas reais motivações para comportamentos anacrônicos e renitentes. Essa é uma parte importante da história, mas, honestamente, não é a mais interessante. Ao empreender uma análise podemos supor que vamos apenas em direção ao autoconhecimento — mantra de dez entre dez ofertas de terapias, coachings e outras formas de tentar controlar o universo com o poder da mente. Mas, se dermos um passo à frente, iremos rumo ao autodesconhecimento.

Para a psicanálise, o outro, que nos assusta tanto — a ponto de fazermos muros e leis que nos protejam de sua suposta ameaça —, está, antes de tudo, em nós mesmos. Somos nós mesmos a nos assombrar com o nosso autodesconhecimento. Por exemplo: tenho que trabalhar até tarde hoje de qualquer jeito, mesmo desejando tirar uma noite de folga. Mas eis que esqueço o computador no escritório com todo o material que me permitiria cumprir minha intenção manifesta. Posso me martirizar, voltar para buscar o computador e acabar o trabalho mesmo exausta; posso chorar e espernear. Mas, se eu puder reconhecer que esse "outro em mim" deu uma solução para meu desejo de ter uma noite de descanso, ainda que eu volte para finalizar o trabalho poderei tratar esse deslize como algo genuinamente meu a ser levado em conta. Com a dignidade de um gesto que diz de mim e de meus limites. Claro que os atos podem ser bem embaraçosos, como trocar nomes em momentos inacreditáveis ou amortecer uma depressão com o alcoolismo. Reconhecer nosso autodesconhecimento estrutural e insolúvel é o que há de mais libertador em uma análise. Mas reconhecer não é justificar. É assumir integralmente a responsabilidade por esse ato que emerge do desejo.

Em busca do autodesconhecimento

O curioso é que, ao dar ao gesto a dignidade de um desejo que não pôde ser assumido até então, deixamos de ser vítimas das circunstâncias e passamos a ser sujeitos. A ética da psicanálise implica que cada um assuma o que fazer com suas mazelas e alegrias, não cabendo ao analista vestir a camisa da torcida organizada.

Se temos algo a conhecer sobre nós em análise, é que seremos sempre desconhecidos para nós mesmos. Daí a possibilidade de se espantar, por vezes, e se encantar, por outras, com o que nunca saberemos de nós, levando uma vida tão empolgante quanto arriscada, e sem chance de superioridade.

13. Eu era tudo para você

Muitas pessoas se espantam com quem adora lidar com filhos adolescentes, outras com quem curte a fase de bebês. Temos pais que lamentam que os filhos não são mais crianças e os que comemoram todo dia pela mesma razão. Por vezes, esses afetos coexistem em cada um.

Os perrengues de cuidar de bebês e crianças pequenas são bem conhecidos, mas vêm acompanhados de uma irresistível compensação. Filhos pequenos acham que somos "a última bolacha do pacote". Afinal, quem quer se imaginar sendo criado e dependendo totalmente de sujeitos frágeis e ignorantes? Alçar os pais à categoria de super-heróis, ignorando suas falhas, é a forma que encontramos de nos sentirmos protegidos em um mundo gigante e assustador. Não esqueçamos que esse artifício continua sendo usado pelos adultos tanto nas relações mais íntimas quanto nas crenças na religião e nos salvadores da pátria. Alguém nos salvará dos perigos do mundo e da morte. Resta saber quem salvará o salvador.

Mas falemos dos desafios com os adolescentes.

O gosto pelo convívio e criação de filhos adolescentes pode soar bizarro para alguns pais que sofrem de insônia imaginando sexo, drogas e rock'n'roll que irão enfrentar, mesmo que os filhos ainda estejam no jardim da infância. Os pais, tendo passado eles próprios por essa fase e encarado diferen-

Eu era tudo para você 57

tes riscos, podem projetar nos filhos tanto o que fizeram de perigoso e irresponsável quanto o que gostariam de ter feito, mas não tiveram coragem.

Mas não é só isso que assusta os pais de futuros adolescentes, embora saibamos que os perigos reais são bem reais. Há também uma preocupação com o afastamento dos filhos, medo de brigas e desencontros. E os pais não estão errados. O adolescente cobra de volta todo o excesso narcísico que ele depositou em nós indevidamente durante sua infância. Como a perda de cetro e coroa usados apenas no desfile de Carnaval, a adolescência é a Quarta-Feira de Cinzas de nossas fantasias de poder como pais, incensadas pela inocência de nossos filhos. De volta ao mundinho ordinário de onde nunca deveríamos ter saído, passamos a ser comparados com as mães e os pais dos outros, professores, colegas e amigos, mas não em pé de igualdade, pois já valemos menos de saída. Afinal, eles já foram enganados uma vez, não nos darão outra chance.

É aí que os pais podem insistir no erro buscando um reinado que só serviu para proteger os filhos das angústias próprias da infância — reinado no qual não deviam ter se fiado, sob pena de impostura.

A decepção é garantida e é mútua. Não somos o que eles esperavam, tampouco eles se saíram como havíamos sonhado. Reconhecer que no mundo não há super-heróis é necessário para que o jovem possa se sentir mais potente e, com sorte, menos crente em sujeitos superiores — crença que tende a infantilizá-lo. Os filhos terão que desconstruir nossa imagem idealizada se quiserem assumir eles mesmos um lugar potente no mundo.

Insistir em manter aceso o brilho no olhar que eles nos lançavam enquanto fazíamos coisas corriqueiras cria dois riscos. O primeiro é o de dificultar o trabalho de luto que eles terão que fazer com nossa ausência, levando-os a crer que não poderiam viver sem nós. O outro é o de eles terem que nos lembrar diuturnamente como somos velhos e ultrapassados para se sentirem menos frágeis e inseguros. Esperemos respeito, não idolatria.

Criar adolescentes implica considerável espírito esportivo. De esporte radical, claro.

14. Eu falo com bebês

UM PSICÓLOGO, interpretado pelo canastrão Bruce Willis, ouve atônito do ator mirim Haley Joel Osment, seu paciente, a célebre confissão: "Eu vejo gente morta". No filme-truque de Shyamalan *O sexto sentido* (1999), os parcos dotes interpretativos do ator são colocados à prova diante de uma revelação que abala toda a história.

Devo ter feito a mesma cara de incredulidade e tédio que Willis quando ouvi pela primeira vez, ainda jovem, o termo "psicanálise com bebês".

Ocorreu-me a imagem de Freud, de charuto na boca, escutando um bebê de fraldas reclinado sobre o divã emitindo "gugudadás". Ainda não existiam para mim Françoise Dolto, Winnicott, Caroline Eliacheff ou Marie-Christine Laznik.

Nessa mesma época, o atendimento psicológico às crianças já era quase palatável para o senso comum, e a facilidade de as escolas encaminharem alunos com problemas de aprendizagem e outras dificuldades para esses profissionais foi só aumentando com o passar dos anos.

Os pais que recebem esse encaminhamento sabem de antemão que se usam o recurso lúdico e outras técnicas expressivas para escutar e tratar crianças, diferentemente do que se costuma fazer com adultos. A escuta é a mesma, os métodos são diferentes.

Com os bebês a situação é menos deduzível e um tanto mais curiosa.

Se voltarmos à piada do bebê no divã, matamos uma parte da charada. Bebês precisam de quem os assuma e nunca estão, ou nunca deveriam estar, sem acompanhamento de um adulto. Então, ao falar com o bebê, falamos necessariamente com quem cuida dele, seja mãe, pai, avó, assistente social, enfermeiro. Quanto ao "gugudadá", se prestarmos atenção, somos capazes de perceber, sem a ajuda de qualquer especialista, que bebês se comunicam de forma intensa usando todo o corpo.

Choros, risos, sons, expressões e movimentos fazem parte da conversa entre pais e bebês desde a sala de parto, e o puerpério nada mais é do que a trabalheira de criar esse vocabulário e como responder a ele. É fome, é sono, é tédio? E lá vão os pais tentar de tudo para promover o alfabeto singular de cada filho que chega.

Ninguém precisa — nem deveria! — ensinar mães e pais a ouvir ou falar com seus bebês. Eles fazem isso, alguns desde a gravidez, sem que ninguém precise treiná-los.

Somos humanos e existimos como tais a partir da linguagem, por que perderíamos essa capacidade diante de nossos próprios bebês? Algumas razões seriam: situações traumáticas que emudecem os pais, depressões graves, desautorização a pais e mães de serem espontâneos com seus bebês (associada à ideia de que deveriam aprender como fazê-lo).

Bebês são afetados por coisas que lhes são ditas, pelo tom em que são ditas, pelas intenções de quem as diz. São afetados de forma tão direta que tanto os ditos quanto os não ditos sobre experiências importantes agem sobre o corpo deles até

Eu falo com bebês

o ponto de adoecimento. Eles são herdeiros de uma história que os antecede e que nem sempre é fácil de viver/contar.

Há alguns anos, eu falava a um bebê na UTI sobre ele ter sido jogado no lixo por sua mãe ao nascer (falava a pedido e na presença dela). A mãe era uma jovem adolescente apavorada, que viu sair de si algo que lhe parecia incompreensível: um bebê. Ela não se acreditava adulta o suficiente para fazer um filho. Ter alguém como testemunha de sua situação permitiu que mãe e filho se encontrassem.

Às vezes, pais e bebês surgem em circunstâncias adversas. Podemos falar com eles sobre isso e vê-los criar uma nova versão, ou podemos ignorar que é da linguagem que emergem nossas histórias.

15. Você não é a mamãe!

Você não é a mamãe.

Ela sabe tudo sobre a previsão do tempo, mas raramente acerta. Leva minha bota, meu chinelo e meu casaco e no fim, faça chuva ou faça sol, acaba provando que sabia. Ela entende sobre comidas que, se eu comer, derreterão meus dentes e meu cérebro e sobre as que salvarão minha vida. Ela é parte elefante e parte mágica. Lembra do lanche da escola, do presente dos colegas, da lição de casa, do treino de balé, da consulta médica — essa é a parte elefante. E faz todas essas coisas aparecerem do nada — essa é a parte mágica.

Você não é o papai.

Ele é forte e pode me jogar bem alto, pois não vai me deixar cair. Faz meu rabo de cavalo com o aspirador de pó. As historinhas contadas por ele são as mais horripilantes, porque ele é muito corajoso e não deixa nenhum fantasma entrar em casa. Ele acalma a mamãe quando ela fica nervosa por alguma coisa que ele fez ou deixou de fazer comigo. Nunca sei a diferença. Acho que ele também não.

Você não é a vovó.

Ela pisca para mim, quando recebe a lista do que eu não devo comer "de jeito nenhum!", porque ela já sabe que comer as comidas mais gostosas, de vez em quando, não mata. Sempre me defende, até quando eu mesma sei que estou er-

Você não é a mamãe!   63

rada. Pensa que são muito exigentes comigo e eu concordo totalmente.

Você não é o vovô.

Ele não quer ficar me pegando no colo o tempo todo, porque sabe que eu já estou muito grande para isso. Não tem nada a ver com a dor na coluna. Ele não se preocupa com escola, hora de dormir, lição de casa porque ele não pode perder nem um minutinho do nosso tempo de brincadeiras juntos. Ele acha graça de tudo que eu faço, mesmo quando eu estou falando muito sério! Acho que só virando avô e avó para apostar que as coisas vão dar certo no final.

Você não é a professora.

Ela sabe que eu paro de chorar assim que o portão da escola bate e só volto a chorar quando ele abre na saída. Ela tenta convencer meus pais disso, mas eles preferem acreditar que eu sinto falta deles o tempo todo. Eu também prefiro acreditar que eles sentem minha falta o tempo todo, mas estou muito desconfiada de que não. Ela me ensina que tem outras crianças além de mim para ela cuidar. Eu não gosto nada disso, mas imagino que esse seja o único jeito de se ter amigos.

Você não é o meu padrinho.

Quando ele vem em casa, eu sei que a hora de dormir já era. Meu padrinho diz que segue o método "rock'n'roll" de ensino. Eu quero muito mudar para uma escola que também use esse método. Aprendi com ele que, durante o futebol, se você soltar um palavrão é só pedir desculpa e não fica de castigo. Só vale enquanto a partida durar.

Você não é a Cida.

Ela diz que tem uma filha da minha idade. Devo ser muito especial para ela preferir ficar comigo e não com a filha. Só não entendo com quem fica a filha dela, enquanto a Cida está lá em casa. Ela fala de um jeito diferente. Quando imito ela, reclamam. Vai entender!

Você não é minha melhor amiga.

Não estamos inteiramente convencidas de que fazer coisas "erradas" é tão errado assim. Seguimos tentando provar nosso ponto, sem muito sucesso.

Você não é meu cachorro.

Ele baba e não sabe fazer as coisas no banheiro — será que o bebê que vai chegar é um tipo de cachorro? Tomara. Ele é a única pessoa que abana o rabo para mim.

Você não é a minha mãe.

Ela acha que é responsável e culpada por tudo o que me acontece quando estou com o papai, o vovô, a vovó, minha professora, meu padrinho, a Cida, minha amiga e meu cachorro. Essa é a parte que eu menos entendo.

16. Adolescente, pais e a escola

SEMPRE FOI FUNÇÃO DA ESCOLA ajudar crianças a lidarem com a realidade e seus incontornáveis limites. Vê-se agora, no entanto, que a escola tem precisado exercer essa função perante os pais também.

Com a desculpa de participar da vida escolar dos filhos, muitos pais acabam por se intrometer na rotina escolar com a clara intenção de fazer valer privilégios. Ainda que essa intromissão não seja inteira novidade, hoje convivemos com o fato de que "quem está pagando" pode escolher outra "empresa" se não encontrar a satisfação garantida em seu "investimento".

No mercado do ensino, pais e alunos se tornaram consumidores, a escola, uma empresa em busca de lucratividade, e a educação, o produto a ser comercializado. "O cliente tem sempre razão" vem junto com "estou pagando", que anda de mãos dadas com "você sabe com quem está falando?". Vemos diariamente escolas cedendo no plano pedagógico para se viabilizarem no plano econômico.

Escolas que têm fila de espera e não se preocupam com a perda de "clientes" não deixam de sofrer com a lógica dos "consumidores" insatisfeitos. O desgaste dos professores por esse tipo de ingerência não é um detalhe, e se soma a uma carga de trabalho e de responsabilidade que só a necessidade e a convicção parecem fazê-los suportar.

Se cabe à escola manter os "nãos", como sustentá-los quando os próprios pais se furtam a fazê-lo? E pior, forçam a barra em nome dos filhos para que a escola não o faça.

A escola tem sido o primeiro lugar em que as crianças lidam com direitos e deveres perante outras crianças que, supostamente, são seus iguais. Tarefa difícil que se torna hercúlea diante da pressão dos pais, reforçada pela mercantilização do ensino. Com o intuito de postergar o sofrimento do encontro com a "vida como ela é", pais buscam subterfúgios que só atrapalham a tarefa da escola, qual seja, preparar os jovens para assumirem uma postura ética e responsável diante do saber e da vida.

Com o fim do ensino médio e a decorrente entrada na faculdade, os tentáculos da família perdem parte de seu alcance e surgem cenas até então inéditas. Pais controlando a vida dos filhos na faculdade, chegando a frequentar o campus em busca de informações. Para além da vergonha alheia, o que se transmite aqui é que os pais, que conseguiram estudar, trabalhar e ter filhos, não acreditam que os filhos conseguirão fazer o mesmo. O recado é claro: a aposta dos pais nos filhos é inversamente proporcional ao tamanho de sua arrogância. Eu consegui, mas meus filhos não conseguirão. Outros recados, como "minha vida orbita a sua" ou "sua felicidade é minha felicidade", também fazem parte dessa lógica.

Conversando com um grupo de professores sobre esses temas, lembrei-me de meu professor de química, cujo apelido — que ele desconhecia — era Mosca. Um dia, entre fórmulas e tubos de ensaio, Mosca nos lança a seguinte questão: "Vocês

Adolescente, pais e a escola

acham que os pobres são pessoas menos esforçadas do que os ricos ou existiriam outras razões para a pobreza?".

A pergunta que soa pueril hoje me acertou em cheio na ocasião. Para nós, alunos de uma escola de classe média alta de São Paulo, a questão soava proibida. E era. Passadas décadas, lembro do gesto desse professor e penso nos desafios que enfrentavam os educadores em plena ditadura. Mas, tanto agora como antes, trata-se de deixar que os professores façam seu trabalho. Depois restará agradecer-lhes.

17. Eu era infeliz e não sabia

COMEMORO O FATO DE NÃO TER NASCIDO na Antiguidade romana. Correria o risco elevadíssimo de morrer no parto. Se tivesse sobrevivido, e depois de ter pelo menos três filhos reconhecidos pelo marido, me restaria virar matrona. Isso significa que a partir dos vinte anos de idade praticaria a abstinência sexual. Se fosse escrava ou concubina, seria apropriado a mim manter a vida sexual dos maridos das outras e lidar com gestações indesejadas e abortos perigosos.

Deus me livre ter nascido em plena Idade Média, período em se discutia obsessivamente se a Virgem Maria teria parido sem perder a virgindade. Enquanto os religiosos debatiam a vagina imaculada, mulheres não tão benditas eram torturadas pela Inquisição para confessar pactos com o demônio. Eu seria considerada bruxa se me atrevesse a proferir outros credos, conhecimentos, interesses sexuais ou divergências políticas. Iria para a fogueira diante de minhas filhas para lhes servir de lição.

Fico aliviada em pensar que não nasci no Renascimento. Teria que casar com algum nobre desconhecido imberbe ou velho demais, em outro país, para preservar os laços da coroa. Seria abandonada, cercada de filhos, por um marido aventureiro interessado em passar décadas no mar em busca de fortuna no Novo Mundo. Pior, poderia ser a indígena que ele

Eu era infeliz e não sabia 69

encontrasse ao chegar no que veio a se chamar Brasil e ser atacada e morta. Também poderia ter sido raptada enquanto cozinhava para minha família, ter sido transportada para um mundo inteiramente desconhecido e vendida, sem nunca entender por quê, como um objeto para trabalhar, apanhar e servir sexualmente.

Tampouco posso reclamar de não ter nascido na era vitoriana. Teria um casamento por conveniência, no qual o sexo seria uma obrigação a ser desempenhada e os filhos, minha única aspiração. O espartilho oprimiria meus miolos e a minha leitura seria vista com grande desconfiança. Caso me rebelasse, seria considerada histérica e internada por toda a vida em situação tão degradante que talvez preferisse me acovardar e seguir num casamento de abusos e frustrações. Talvez fosse musa de algum artista famoso, sem que pudesse eu mesma ser reconhecida como artista ou deter as investidas sexuais dele. Prostituição seria uma saída, caso não tivesse o casamento como proteção. Poderia ter sido uma operária com rotina de escrava. Não teria podido votar até que algumas mulheres morressem em nome dessa causa.

Alívio de ter nascido na contemporaneidade?

Não temos direito sobre nossos próprios corpos e fazemos abortos sob risco físico, jurídico, psíquico e moral. Ganhamos menos do que homens que trabalham tanto quanto nós, para depois cuidarmos dos filhos e da casa de ambos sozinhas. Não podemos sair à noite sozinhas sem correr sérios riscos. Podemos ser molestadas no transporte público ou atacadas na rua, sendo culpabilizadas nas delegacias que deveriam nos proteger. Nossas questões são pulverizadas pelo desprezo e apelidadas de "mimimi". Ainda por cima, cidadãos de classe alta seguem espezinhando mulheres subalternas, com medo de perder a "doméstica de estimação". Temem o aumento da violência no país sem reconhecer que ela é o efeito de sua própria violência imposta aos outros, que retorna.

Ao ver conhecidos, amigos, colegas, vizinhos, familiares e mulheres escolhendo candidatos que reiteram uma visão grotesca e inaceitável do que é uma mulher, reconheço, com profunda decepção, que eu já era infeliz, só não sabia o quanto.

18. Qual a posição política de um psicanalista?

DECLARAÇÕES PÚBLICAS CONTRA a candidatura de um político de ultradireita feitas por instituições psicanalíticas têm gerado polêmica. Alguns se perguntam se caberia ao psicanalista declarar sua posição publicamente, por se tratar de um profissional que supostamente se absteria de emitir opiniões políticas.

Mas, afinal, qual a posição política de um psicanalista?

Para o psicanalista pouco importa em quem seu paciente vai votar, pois quer o paciente fale do Bolsonaro, do cachorro ou da sogra, ele só fala de si mesmo, em infinitas versões. O espaço da análise é criado justamente para propiciar uma espécie de "vácuo subjetivo" do analista e promover a subjetividade do paciente. Essa é a condição sine qua non para ajudarmos o analisante a escutar-se. Sustentamos uma cena na qual ele pode contracenar consigo mesmo e descobrir suas motivações e desejos inconscientes. Trabalho difícil, fruto de anos de análise do analista, de supervisão e de estudo que nos permite manter aquilo que Freud chamou de posição abstinente.

Muito além de não se envolver amorosamente com o paciente, a abstinência é o espaço que se cria para que o outro possa se manifestar. Exemplo banal: digamos que eu atrase quinze minutos para iniciar uma sessão. Um paciente me dirá que achou que eu não gostava de atendê-lo, por isso me demorava. Outro dirá que imaginou que eu gostava mais do paciente anterior, com quem eu teria ficado mais tempo. Outro ainda revelará a fantasia de que eu estaria lhe dando alta. Não me cabe responder-lhes que eu estava no banheiro. Afinal, é nessa ausência de resposta que surge o mais importante: suas fantasias de rejeição, ciúme, superioridade. Abstenho-me de me justificar, não por falta de educação ou arrogância, mas porque as questões pessoais do paciente estão em primeiro lugar sempre e devem ser escutadas com respeito e consideração.

O que se revela, quando o/a analista se abstém de ocupar o espaço da sessão, é aquilo que faz o paciente sofrer, mas que ele mesmo desconhece. Nesse ponto a ética do analista é não julgar e permitir que o paciente escolha o que fazer com o que descobre de si. A sessão trata menos do encontro entre paciente e analista que do encontro do paciente consigo mesmo, sustentado pela abstinência do analista.

Se nosso trabalho se baseia no exercício diário dessa abstinência, como podemos vir a público repudiar um candidato e declarar nossa intenção de voto?

Existem diferenças entre o espaço da clínica e o espaço público. No primeiro o profissional deve se abster de emitir opiniões, enquanto no outro nem sempre ele pode se furtar a fazê-lo. Ambos os espaços são regidos pela mesma direção política: da ética do desejo, do direito à singularidade e do exercício da fala.

Isso significa que não podemos compactuar com qualquer forma de discurso social que repudie as diferenças individuais ou cerceie a palavra. Qualquer proposta política que propa-

Qual a posição política de um psicanalista?

gandeie o uso do outro como bode expiatório daquilo que não queremos reconhecer em nós é antipsicanalítica e deve ser combatida como tal. Em momentos históricos críticos, de ameaça à ordem democrática e opressão das minorias, são os textos de Freud que nos servem de alerta. "Psicologia das massas e análise do eu" (1921), escrito entre guerras, é um marco dos estudos sobre nossa tendência ao autoritarismo. A psicanálise sempre se posicionou inequivocamente contra o fascismo e o assujeitamento — cabe aos psicanalistas estarem à altura dela hoje.

19. Consolar o bebê inconsolável

REGRA NÚMERO 1: Bebês choram. Seja porque bolinhas de ar passeiam por suas diminutas barrigas, seja porque algo coça e eles não têm como aliviar a coceira. Choram porque dentro do útero era bem animado com os sons de gases, batimentos cardíacos, respiração e sacolejo da mãe e agora se veem confinados ao silêncio de um quarto escuro num berço estático. Não é à toa que o som do secador de cabelo ou do rádio fora de sintonia é capaz de fazer bebês recém-nascidos pegarem no sono quase imediatamente. Choram porque ouvem outro bebê chorar e já não sabem quem começou primeiro, se eles ou o outro. Choram porque não conhecem outra forma de descarregar as intensidades vividas, mesmo as prazerosas. O choro de um bebê é o tipo de som que deixa adultos incomodados o suficiente para pararem tudo o que estão fazendo e tentarem dar um jeito. Para um ser tão minúsculo, o choro é uma ferramenta inestimável de sobrevivência. Conte com isso.

Regra número 2: Bebês têm choros inconsoláveis. O choro do bebê é puro enigma. Mesmo que ele tenha parado de chorar depois que você pegou no colo, alimentou e trocou a fralda, você nunca saberá com certeza qual era a queixa original. Não é difícil que o próprio movimento de pegar, alimentar e trocar o acalme, livrando-o do tédio de ficar deitado. Tudo o que lembrar a satisfação perdida pode servir de alento para alguém que não sabia o que é fome, frio, silêncio até algumas horas, dias ou meses.

Inúmeras vezes, tentamos tudo isso e simplesmente não conseguimos resolver o problema. É incrivelmente frustrante, embora tenha frequência diária, um tipo de choro inconsolável do bebê. Costuma ser no fim do dia, mas cada família contará sua versão original de como um cara de menos de um metro consegue passar duas ou mais horas chorando sem parar. Questões como "Ele vai ficar traumatizado?", "Essa experiência vai marcá-lo para sempre?", "O quanto ele está sofrendo?" são formuladas por pais, eles sim, traumatizados e marcados a tal ponto que outros filhos só surgem depois de um processo de amnésia.

Regra número 3: Bebês precisam ser consolados. E aqui cria-se a contradição com a regra número 2. O que podem pais, mães, avós, enfermeiros, atendentes de creche nas inúmeras situações em que bebês se tornam inconsoláveis? Quando adultos relatam momentos de grande estresse ou sofrimento em suas vidas, como acidentes e perdas importantes, costumam associá-los a frases como "Ninguém me explicava nada", "Ninguém me escutava". Para além do acontecimento traumático em si, as lembranças desses momentos vêm marcadas pela presença ou não de outros com quem se pôde contar. A parturiente que teve um parto difícil falará de uma enfermeira que a olhou, no meio do caos, e lhe disse "Não vou sair do seu lado". Os pais que receberam más notícias sobre o filho vão lembrar das pessoas que os escutaram sem impor soluções místicas ou apressadas. Bebês também são marcados pela experiência de que, nas horas mais escuras, algo agradavelmente familiar comparecia: o cheiro, o embalo, a voz, o toque das pessoas. É assim que se consola o inconsolável, deixando a marca da solidariedade desde o berço. Com o tempo, o próprio bebê aprende a se consolar e a pedir que os pais "assoprem" seus machucados.

Resumindo, na hora mais escura, sejam adultos ou bebês, a regra de ouro é: ninguém solta a mão de ninguém.

20. Corpo de mãe e corpo de mulher I

PERDI A CONTA DAS GESTANTES e mães de bebês que veem em *Alien, o oitavo passageiro* (1979), de Ridley Scott, a completa tradução de sua fantasia assustadora da gravidez e de seu medo de dar à luz. Elas têm razão, afinal, por mais fofo que seja o bebê que se espera ter, as fases embrionárias humanas estão mais bem representadas pela imagem do monstro intergaláctico do que pelas imagens das propagandas de fraldas e mamadeiras. Não são mães doentes, ainda que sofram, mas mulheres que tentam elaborar uma experiência, cuja magnitude a linguagem jamais será capaz de abarcar. Vida, morte, sexo e a própria linguagem não cansam de nos exigir significados e elaborações, que nunca chegarão ao fim e que, paradoxalmente, precisam ser produzidos.

Somos, de início, inquilinos no corpo de alguém, o que não é pouca coisa para nosso incipiente aparelho psíquico elaborar. Todos os mamíferos passam por processo reprodutivo semelhante, mas apenas o homem tem o ônus e o bônus de tentar dar sentido a esse fato da existência.

Passado o tsunami do parto, no qual "nave-mãe" e "alien" se separam, a mulher começa um longo percurso de recuperação do próprio corpo até então hospedeiro. Colo, amamentação e proximidade física vão sendo negociados paulatinamente entre mãe, bebê e outras pessoas não menos importantes. Vindos de fora dessa coabitação primordial, pais, companheiras, avós e cuidadores são importantíssimos nessa transição. Está em jogo a separação de corpos para além do parto e o reconhecimento de que o corpinho minúsculo do recém-nascido encerra outro ser humano e não apenas parte da mulher.

Claro está que a experiência peculiar e radical descrita aqui não é reproduzível para pais, companheiras ou famílias adotivas, que não gestaram.

Para quem acha que isso faria uma diferença incontornável nunca é demais lembrar que as experiências humanas são de saída opacas, quer dizer, cada um vai atribuir um sentido diferente a cada situação vivida. Uma mãe pode ter sérias dificuldades em se relacionar com o bebê que saiu de seu próprio corpo. Um pai pode se apaixonar já na sala de parto. Uma mãe pode adotar um filho que ela não pariu. Outra pode passar por todo o processo de adoção sem nunca adotar de fato, ainda que obtenha a guarda.

Essa falta de garantias é tão assustadora que insistimos na fantasia de que gestação e parto garantiriam a maternidade. Que bom seria se o amor de mãe viesse de fábrica e não tivéssemos que lidar com a imagem de nosso absoluto desamparo ao nascer, indefesos e ainda mal-amados. Só tornando-se pai e mãe para termos o vislumbre da natureza do amor parental. E o que, se formos honestos, vislumbramos? O amor humano é uma construção contingencial, sujeito a intempéries, que sempre carrega uma necessária dose de ódio, que convívio e insistência tendem a fortalecer e que se retroalimenta de nosso narcisismo. Convívio, insistência e narcisismo estão a favor da construção do amor de pais e mães, pois os bebês

Corpo de mãe e corpo de mulher I 79

demandam tudo e são mestres em nos fazer sentir indispensáveis diante de seu desamparo inicial. A dose de ódio, que permite a emancipação de ambos, também não falta no amor dos pais e dos filhos.

Aos poucos, as mulheres marcam para seus filhos que o tempo do corpo compartilhado ficou para trás e que, se eles puderem lidar com isso gradativamente, aprenderão a respeitá-las e a exigirem para si também o devido respeito. Reintegração de posse, basicamente.

21. No batente com o bebê

A FOTO DE UMA MULHER TRABALHANDO no escritório com seu bebê de três meses em seu colo viralizou nas redes sociais. Sobre a imagem foram feitos os julgamentos mais contraditórios, como condenação da mulher, que só estaria pensando na carreira ou no dinheiro, e compaixão pela pobre coitada, que cuidava do filho sem a ajuda do pai.

Cabe lembrar que as mulheres sempre trabalharam. Seja no campo, nas fábricas ou no lar, o trabalho sempre foi árduo. O ideal, no entanto, era a vida da classe dominante, que nutriu desprezo por serviços subalternos. Grandes heranças ou casamentos com homens abastados serviam para livrá-las da sina do trabalho mal remunerado. Por outro lado, prostituição sempre esteve no encalço, devido às péssimas condições sociais.

O que mudou com a liberação dos costumes não foi o trabalho remunerado, mas como ele passou a ser encarado. A mulher que trabalhava lamentava ter que fazê-lo, pois só o cuidado da casa, dos filhos e do marido eram valorizados. A necessidade de ter um emprego além da exaustiva jornada doméstica revelava que o marido não ganhava o suficiente para sustentar o lar, que ela era solteira ou que tinha origem simples. O que mudou é que o trabalho passou a ser reconhecido como uma genuína aspiração feminina. Busca-se ter

No batente com o bebê

uma carreira, ter independência financeira e até sustentar o marido, se for o caso. Mulheres sempre trabalharam, mas só recentemente seu trabalho adquiriu um valor em si, tornando-se motivo de orgulho.

Ao final de uma palestra que dei para um público feminino, uma mulher afirmou que não era feminista porque gostava de ficar em casa com os três filhos e que não queria ser obrigada a trabalhar, já que não precisava. Respondi-lhe que um feminismo que não permite a escolha de ficar em casa é, no mínimo, incoerente. As mulheres não lutaram tanto para, ao final, terem que restringir suas escolhas. Quer ficar em casa? Se quiser e puder, fique. A questão do feminismo é o direito à escolha e as condições para que esse direito seja respeitado, e não a formação de novas imposições.

Com as mudanças, começou-se a questionar os trabalhos domésticos, pois, se ela trabalha tanto quanto o companheiro, por que se ocuparia mais da casa e dos filhos do que ele? O feminismo tem uma importância enorme nessas transformações, exigindo que a sociedade considere o trabalho doméstico na conta familiar.

Lutar por direitos iguais implica reconhecer diferenças inconciliáveis. Direitos iguais de acesso aos espaços públicos, por exemplo, implicam a colocação de rampas e elevadores para contemplar cadeirantes. Se não houver o respeito à diferença não há como prover condições igualitárias. Quanto à maternidade, nunca é demais lembrar que algo ocorre no corpo de quem gesta que não ocorre nos demais e que o bebê é ávido pela presença desse corpo no pós-parto, devido à experiência da gestação e do aleitamento. A "rampa", nesse caso, são leis trabalhistas que protejam as mães e criem condições para a participação mais efetiva do pai e da sociedade na chegada de cada bebê. O oposto da proposta da direita, que defende que as mulheres ganhem menos por engravidarem!

E quanto à mulher da foto? Sabe-se lá!

Defendi meu mestrado nos intervalos da amamentação de meu bebê de três meses. Fiz isso porque podia e porque queria. Que cada uma de nós responda em nome próprio o que quer, e que lutemos juntas pelo direito a essas escolhas.

22. Tarde demais para flores

ADORO RECEBER FLORES. Se me convidam para um almoço e fazem questão de pagar a minha conta, não tenho nenhum problema em aceitar. Também adoro poder retribuir a gentileza, assim que tiver oportunidade. Podem abrir a porta do carro para mim, carregar as compras e deixar que eu passe antes, acho ótimo.

Gentilezas e educação são bem-vindas, pois sem esse verniz, que nos obriga a dizer bom dia no elevador às seis da manhã, mesmo sem ter acordado ainda, nos mataríamos mais do que já nos matamos. Nossa convivência seria impossível sem esse esmalte de polidez, o qual devemos prezar, mesmo sabendo que ele serve para disfarçar nosso egoísmo estrutural.

Jane Cherubim, uma jovem que teve o rosto totalmente deformado pelo namorado, disse em seu depoimento à televisão: "Só deixo uma dica: não acreditem, mulheres, em quem lhes traga flores todo santo dia. Porque, no final, tudo cansa. Tem que ser real. Eram tudo flores e acabou nisso". Da cama do hospital, ela nos alerta que o excesso de gentileza pode esconder uma animosidade incontrolável. O irmão de Jane dá outra dica importante em seu testemunho, quando diz que "a ansiedade (do namorado) de ter ela como objeto, alguma coisa assim, só para ele, já era um sinal". Uma das questões centrais da violência contra a mulher é a crença arraigada de que as mulheres são objetos a serem possuídos pelos homens.

Cuidamos de nossas coisas com zelo, mas não esperamos que nossa propriedade nos diga não, afinal, objetos não têm de querer. É nessa hora que o homem que vê a mulher como sua se enfurece e quer destruí-la. A presença de outros homens assistindo à cena potencializa essa fúria, pois é na comparação com outros homens que ele se sente diminuído em sua própria virilidade. Os estupros coletivos também bebem dessa fonte, ainda que tenham outros elementos. É claro que, para que isso aconteça, é preciso que esse homem violento acredite que sua masculinidade se baseia no poder que ele tem sobre os outros e, principalmente, sobre aqueles considerados vulneráveis e dependentes. Um homem que tenha sua masculinidade pautada sobre outras identificações e valores, que não esses, não viverá o desencontro amoroso como perda identitária, mas com a dignidade de um adulto amadurecido, que considera a mulher um ser humano como ele. Sofrerá, mas não precisará fazer sofrer.

João Crisóstomo, pregador cristão do século IV, comparava meninas virgens a móveis e vestuários. Dizia, justificando a prática de casá-las antes da primeira menstruação: "Somos feitos assim, já o disse, nós, os homens: por ciúme, por amor da vã glória, ou por qualquer outra razão, amamos sobretudo aquilo de que mais ninguém pôde dispor e aproveitar antes de nós e de que somos os primeiros e únicos senhores". Frase que poderia sair da boca de qualquer um dos acusados de feminicídio, estupro ou espancamento de mulheres.

Existem também formas coletivas de expressão dessa lógica misógina, como a queima das "bruxas" na Idade Média, a internação das histéricas no fim do século xix, só para citar os mais célebres exemplos históricos. Se não soubermos a mentalidade que subjaz à onda de violência contra mulher, que tem recrudescido recentemente, nunca seremos capazes de fazer frente a ela. Amo receber flores, mas se esse é o nível da discussão que se pretende levar para as escolas, elas chegarão tarde demais: nos velórios.

23. Os laços que queremos

UM COLEGA DE ESCOLA, que você não via há anos, te localiza nas redes sociais e convida para uma reunião na casa dele. Entre curioso e nostálgico você chega para o encontro e descobre que, por trás da recepção, o intuito real é conseguir compradores para os produtos da empresa que ele representa. Essa é a típica situação na qual nos vemos reduzidos a consumidores e na qual a maior virtude que o "amigo" é capaz de reconhecer em nós é o poder aquisitivo. Laço típico dos nossos tempos, que entende o "networking" como suprassumo das relações sociais, confunde afeto com "likes" e amigos com seguidores na internet.

Conversando com um grupo de estudantes que pensa saídas coletivas para as questões atuais, ficam claras as inquietações de nosso tempo. Afinal, se entendemos os laços sociais como condição incontornável de nossa sobrevivência, como viver numa época em que eles parecem se desintegrar? E ainda, como encontrar saídas coletivas num momento em que a individualidade soa como bem supremo?

Sabemos que ações grupais podem tanto promover tragédias, quanto operar transformações promissoras. Do nazismo, com sua máquina de extermínio, ao movimento feminista, que mudou as aviltantes condições de trabalho de milhões de mulheres, há exemplos para todos os gostos.

Os laços que queremos 87

Nosso cérebro tem uma capacidade adaptativa que, para o bem e para o mal, nos fez dominar o mundo. Isso significa que somos condenados ao laço social para atualizar competências, que são muito mais potenciais do que instintivas. Sabendo da complexidade das relações humanas, aponto para dois tipos: as relações de espoliação, nas quais um tenta extorquir algo do outro em benefício próprio, ou de solidariedade, nas quais abrimos mão de algo pelo bem comum. Sem nenhuma moralização do tema, a solidariedade é, no mínimo, mais inteligente. As relações de espoliação são instáveis e nos colocam em permanente sobressalto, pois só se mantêm à força de muita opressão para evitar que o jogo vire. Além disso, mesmo a criança que foge com o brinquedo para não compartilhar, é capaz de perceber que brincar junto é muito mais divertido.

Outra forma de fazer laço é organizar grupos a partir de uma figura idealizada, que nos salvaria dos males que reputamos aos outros. Fora do grupo está o inimigo comum, cuja ameaça mantém o grupo coeso. Os integrantes vivem paranoicos, se desresponsabilizam de seus atos e depositam no líder a justificativa para suas escolhas. "Estava só obedecendo a ordens", dirão em própria defesa, quando a conta chegar. Foi o que Adolf Eichmann, carrasco nazista, afirmou em seu julgamento. Ele tinha razão — obedecia a ordens — mas nem por isso era menos responsável por sua obediência. Já os grupamentos que visam ao bem comum dispensam inimigos, pois se unem a partir de causas, não mitos, pelo tempo que for necessário para realizá-las.

Não precisamos gostar uns dos outros, mas precisamos admitir que não somos superiores a ninguém, pois a humanidade é toda medíocre mesmo. O grupo de estudantes que se reúne para discutir os laços sociais é ele mesmo uma resposta para a pergunta que fazem, por serem um exemplo de laço que se baseia na capacidade de ter a singularidade afirmada, as responsabilidades individuais assumidas e o bem comum como meta. O laço solidário só não é encampado por quem acha que "amor ao próximo" é uma questão de distância e que a família a ser protegida é unicamente a sua.

24. Rua, Bolsonaro!

Quando se discutem problemas brasileiros, costuma-se concluir que a solução é a educação. Do abuso de álcool aos acidentes de trânsito, passando pelo lixo jogado nos bueiros e a baixa adesão aos exames pré-natais, todos dirão que o nível de escolaridade e o acesso à informação fazem a diferença. Cabe perguntar se a educação também resolveria o problema de nossas desastrosas escolhas políticas.

Será que o alto nível de escolaridade de um país é suficiente para que seus dirigentes sejam também de alto nível? Se pensarmos no exemplo norte-americano, com a tragicômica figura de Trump, fica difícil sustentar essa tese. Mas temos que reconhecer que se trata de um país que, mesmo sendo dirigido por um bufão, não está com sua democracia ameaçada.

Educação é um conceito amplo e diz respeito a todo cabedal de informações e exemplos que as crianças recebem do entorno, começando pelos pais, e inclui desde a aquisição da língua aos hábitos mais corriqueiros. Já a instituição escolar, como a conhecemos hoje, é bem recente. Trata-se de um espaço onde é oferecida educação formal, caminho obrigatório para os que buscam a chance de fazer escolhas profissionais em vez de aceitar subempregos. Tanto a educação que recebemos, principalmente da família, quanto a educação dada nas escolas estão imersas em um imaginário compartilhado, fruto da história de cada país. Ainda que existam variações infinitas, o caldo de cultura na qual estamos mergulhados atravessa nossos atos, mobiliza nossos afetos e dá o tom da nação.

No caso dos norte-americanos, a identificação com a ideia de liberdade individual, de liberdade de expressão e de democracia impregna tudo. Lutar por esses valores está em cada personagem de história em quadrinhos, romance ou filme de guerra. Ser o "povo escolhido" para garantir que essas ideias desçam goela abaixo do resto do mundo também faz parte do fetiche de ser estadunidense, com todo autoritarismo e truculência envolvido.

O exemplo brasileiro também revela que o alto nível de escolaridade da elite não foi capaz de impedi-la de fazer escolhas políticas desastrosas.

Mas se ainda apostamos na educação é porque a questão que se coloca é sobre qual educação e qual escola queremos. Quais cumprem a função de educar cidadãos e quais se limitam a formar indivíduos indiferentes uns aos outros. Se optamos pela segunda, o recado é claro. Cuide da sua vida, exerça uma profissão, danem-se os demais e, na primeira oportunidade, migre! Se optarmos pelo primeiro, cumprir-se-á a dupla função de formar profissionais e de formar um país onde a cidadania seja um valor com o qual vale a pena se identificar.

O Brasil chafurda desde sua fundação na ideia de "levar vantagem em tudo" ou "meu passaporte é minha melhor saída". Para fazer frente a isso é fundamental estudar nossa história e o imaginário decorrente e reconhecer como e quando foi forjada essa mentalidade. *Brasil: uma biografia*, de Lilia Schwarcz e Heloisa Starling (2015), e *Hello, Brasil!*, de Contardo

Calligaris (1991), formam uma excelente dobradinha para começar a conversa.

Ainda assim, mentalidades mudam.

Se você esteve entre o milhão de pessoas — só em São Paulo — que tomou conta das ruas em defesa do ensino brasileiro dia 15 de maio de 2019, presenciou a combinação de educação solidária, defesa de um ensino cidadão e outra forma de sonhar este país. A multidão não só sabia a fórmula da água, como com quantos cidadãos se faz um tsunami.

25. Ódio em família

É na família que vivemos as primeiras experiências de amor, de ódio e de reconhecimento de quem somos. É nela que serão oferecidas as palavras fundamentais para nomear as experiências subjetivas. Dizer "está com medo, filho?", para uma criança que recua diante de um cachorro, serve para acolhê-la e, ao mesmo tempo, para que ela aprenda que aquela sensação de tremor e frio na barriga se chama medo. Há que se confiar no vocabulário apresentado pela família para, mais adiante, reconhecermos suas limitações. Quanto mais psiquicamente comprometida a família, mais fechada ela estará para a entrada de discursos que coloquem em xeque sua versão do mundo.

O ódio, mesmo sendo o afeto que caminha pari passu com o amor, costuma ser negação. "Odeio meu filho" é uma frase desagradável, mas possível. Xingar e socar o filho não. Essa diferenciação faz parte do processo de ter um vocabulário sobre os afetos e de aprender formas civilizadas de lidar com eles.

O problema não é que sintamos ódio, esse é um fato estrutural humano. O problema é quando a violência que decorre desses afetos não pode ser nomeada como tal. Violência é palavra que costuma ser banida do ambiente doméstico, principalmente quando ela é mais necessária.

Quando a criança vive o ato violento (incluindo abuso sexual) como se fosse algo natural ou um ato corriqueiro, estamos diante de uma dupla agressão. Ela poderá ouvir que a mãe que permanece com o marido agressivo o faz por amor, ou que o pai bate por ciúme, pois ama muito a mãe. Ouvirá que ela (a criança) apanha para seu próprio bem ou porque é má. Também poderá ouvir palavras desmoralizantes em tom de humor. Como denunciar o ultraje entre risos? Sentindo-se ultrajada e sem reconhecimento, a criança perderá a confiança em sua própria capacidade de nomear o que sente e reproduzirá essa versão distorcida para si mesma e, depois, com seus próprios filhos.

A violência doméstica se perpetua como uma linguagem passada de pais e mães para filhos e só o contato com outras realidades poderá confrontá-la e permitir que adultos e crianças relativizem essas primeiras experiências. É aí que entram a escola, os vizinhos, amigos, religiões tolerantes, a arte e a análise trazendo outras referências e outro vocabulário. A violência, que pode ser pensada como o ato daquele que é forte diante de um fraco, esconde a impotência do agressor diante de seus próprios afetos e a necessidade de ter alguém sob seu jugo para se sentir minimamente potente. A dita personalidade forte, que grita, "faz e acontece" diz mais respeito ao gênio irascível que esconde suas dificuldades, do que a fortaleza que se imagina. Tampouco o que se submete é frágil, apenas está preso na mesma lógica de ter sido levado a crer que merece aguentar os maus-tratos, ainda que por razões insondáveis.

Em uma família em que a violência é naturalizada, o gesto amoroso e a demanda por respeito podem causar estranheza, pois denunciam o que está sendo negado. Respeito, solidariedade, carinho são bem-vindos quando podemos nomear inveja, ódio, medo, desamparo. O que chamamos de violência muda de uma época para outra. Basta lembrar que bater na esposa já foi — e em muitos lugares ainda é — visto como uma prática lícita e só recentemente passou a ser nomeada como crime. Embora a penúria social possa potencializar a violência, psicanalistas sabem o quanto ela é corriqueira nas classes altas. As violências se perpetuam em nossos silenciamentos e omissões.

26. De quem é o fim de semana, afinal?

PAIS E MÃES SE CULPAM por não terem o dom da ubiquidade. Em vez de sustentarem junto aos filhos suas próprias escolhas, fingem que poderiam estar em dois lugares ao mesmo tempo, mas só não conseguem a proeza por não se dedicarem o suficiente. Mensagem mais onipotente impossível. Quando se separam das crianças, ficam constrangidos, como se as estivessem largando no absoluto desamparo. É claro que elas se sentirão inseguras ou injustiçadas, pois é essa a mensagem que lhes enviam. O maior problema não tem sido não estarem com os filhos, mas a ambiguidade com que apresentam esse fato.

Para resolver a questão, alguns adultos têm tentado dedicar seus momentos de lazer integralmente aos filhos na esperança de compensar as ausências decorrentes do trabalho. Buscam mostrar que, embora trabalhem muito, lamentam cada minuto longe deles. Mentira, claro. Tampouco os filhos lamentam tanto assim a ausência de pais e mães. Geralmente, eles imploram para ficar conosco, quando não podemos, e nos esnobam, quando estamos ao alcance de suas mãos. Podem também nos perseguir dentro de casa, mas não perderão a oportunidade de dizer que preferem estar com o amigo, os avós, o cachorro, no celular, e mesmo sozinhos, se lhes for conveniente.

Cada vez mais ouve-se a frase "trabalho a semana toda, mas meu fim de semana é dos filhos". Se levada ao pé da letra — e tem sido — ela desemboca em atividades como: andar de bicicleta, ir a festas infantis, teatros infantis, parquinhos infantis, cardápio infantil, filminho infantil, festa do pijama, filhos dormindo na cama dos pais. Existem adultos que adoram, mas e os outros que não se encaixam no perfil? Estariam comprometendo a "qualidade do tempo" com os filhos? Traumatizariam as crianças? Para quem imagina que a mãe que "só" trabalhava em casa era alguém onipresente na vida dos filhos, chegou a hora da verdade: claro que não! Lugar de criança era no quintal ou na rua — que deram lugar ao parquinho e ao espaço da casa. Ainda que os muito pequenos precisassem de atenção permanente, era com a finalidade de que não enfiassem o dedo na tomada e não de que fossem entretidos o tempo todo. Quintal, rua, parquinho ou casa são espaços da criança nos quais o tempo de interação com os adultos pode ser bem menor do que nossa fantasia faz supor.

Para pais e mães que querem também ler, namorar, comer comidas de adulto, ver filme de adulto, estudar, cuidar da casa, ter amigos adultos, o que fazer? Primeiro, assumir que esses desejos são absolutamente legítimos, em vez de fingir que adoram partilhar música, comida e papo de buffet infantil. Segundo, assumir que o tempo de lazer é para todos, pois ter o filho como centro da casa só serve para criar pequenos tiranos, que têm sido produzidos em série, e pais infantilizados e constrangedores.

Em tempo, lembro da impressão que me causou, quando criança, o conto "O velho, o menino e o burro". O trio saía em direção à cidade e a cada trecho do caminho encontrava

De quem é o fim de semana, afinal?

alguém dando palpite sobre a forma como eles viajavam. "Por que o menino, que é ainda jovem, vai no burro, enquanto o velho vai a pé?", "Por que o velho vai no burro e o pobre menino vai a pé?", "Por que o velho e o menino vão sobre um burro exausto?". A cada opinião acatada pelo velho e pelo menino, surgia uma nova crítica e assim sucessivamente. Moral da história: assumamos a responsabilidade pelas nossas escolhas e suas consequências, pois, sejam quais forem, as críticas estão garantidas.

27. As babás e seus bebês

REZA A LENDA DO SÉCULO XXI que mães devem ficar com seus bebês 24 horas por dia, sete dias por semana. A onipresença é justificada pela necessidade de estimulá-los — visando futuros gênios —, para que eles se sintam amados — o pai não é considerado relevante o suficiente —, para que elas os amamentem — querendo ou não —, para que não pensem que elas se arrependeram de tê-los — nem um pouquinho. Não é à toa que as mulheres têm se sentido oprimidas ao lado de seus bebês, fugindo deles a cada chance. Com o fim da licença-maternidade, cria-se a demanda insólita de estar em dois lugares ao mesmo tempo. Lembremos que a volta ao trabalho ocorre dois meses antes do tempo recomendado pela Organização Mundial da Saúde para o fim do aleitamento materno exclusivo. Creche integral, parentes, largar o trabalho ou contratar uma babá têm sido as saídas para o impasse que se coloca, mas não resolvem a fantasia de clone materno.

A creche, quando existe, depende da adaptação imunológica do bebê ao contato com outras crianças. Contar com parentes depende da sorte de que eles existam e de que não tenham mais o que fazer. À primeira vista pode parecer fácil, mas os custos afetivos por vezes são enormes.

E aí chegamos na famigerada babá considerada um dos marcos do sistema de desigualdades sociais, da exploração

As babás e seus bebês 99

e da terceirização da maternidade. Costumam vestir-se de branco em alusão à enfermagem, à higiene e para que fique claro que não são parte da família. Incrível esperar que se cuide de uma criança usando roupas claras.

Para trabalhar, essas funcionárias, quando têm filhos, também têm que assumir uma das quatro soluções acima, recapitulando: creche/escola integral, parentes, babás ou desistir de trabalhar. Muitas pagam babás para olharem seus filhos.

O trabalho doméstico é intrinsecamente aviltante? Sim e não. Havendo a rigorosa observação da PEC do trabalho doméstico, as condições laborais dessas funcionárias se equiparam aos dos outros profissionais e não há por que considerá-las mais exploradas do que já são os demais trabalhadores. Por outro lado, o tratamento dado a essas mulheres costuma vir carregado de desprezo e de abusos. Os limites profissionais estão borrados pela proximidade e os desrespeitos são recorrentes. Existindo opção melhor, elas não escolhem compartilhar a intimidade de outra família e criar laços próximos demais, tampouco homens preferem recolher o lixo da cidade. Mas é um trabalho digno como os outros, e deve ser tratado com o respeito que merece e as leis que o protegem. Fora os exageros nefastos, a opção pelo serviço da babá, muitas vezes, é a única forma de cuidar dos filhos e continuar tendo uma vida.

Mas há outras questões. Por que só as mulheres costumam se sentir culpadas de deixar os filhos com as babás? Por que só temos babás mulheres? Porque filhos ainda são considerados assunto exclusivo das mulheres sob a fantasia de que gravidez, parto e amamentação duram para sempre. Poderíamos inverter a lógica e afirmar que, depois de nove meses carregando o bebê, caberia aos outros entrarem no jogo e assumirem os cuidados intensivos com o bebê — como acontece em muitas sociedades tradicionais. Filhos são condição para manutenção da sociedade e, enquanto não pensarmos nos cuidados de bebês e crianças de forma coletiva, mulheres deixarão seus filhos para cuidar dos filhos de outras mulheres e assim sucessivamente.

Gosto de imaginar as consequências catastróficas de uma greve reprodutiva feminina, mas prefiro sonhar com o fim dos mitos sobre a maternidade.

28. Corpo de mãe e corpo de mulher II

FREUD FOI QUEM PRIMEIRO ESCANCAROU o prazer erótico do bebê ao mamar e ao ser cuidado, o que lhe valeu o título de cientista tarado. Esse erotismo necessário e estruturante para o bebê é uma das condições para que um ser humano adquira capacidade amorosa e capacidade de fazer laços afetivos.

O grande problema é que, embora sejam os pais e as mães a lhe ensinarem isso, caberá a eles também a tarefa menos simpática de mostrar que toda essa carga afetiva e erótica não poderá ser consumada em casa. A criança perde pai/mãe e ganha todos os homens/mulheres que vier a encontrar em situação de igualdade. Troca justa e vantajosa, tão necessária quanto penosa. É a versão simplificada do famoso complexo de Édipo, que os pais parecem ter muita dificuldade de sustentar em nossa época. Aprendemos a amar com os pais, mas não seremos seus amantes. O problema é que na prática pode ser difícil discernir nuances nas situações do dia a dia.

Os ativistas pela amamentação prolongada costumam considerar os psicanalistas inimigos velados. Afinal, para a psicanálise o corpo da mãe precisa ser interditado ao bebê no momento oportuno, ou seja, o prolongamento indefinido do aleitamento materno, preconizado por algumas famílias, expõe a criança a um usufruto do corpo materno para além do recomendável. Tema espinhoso que se choca com o direito da mulher de dispor de seu corpo como quiser, inclusive se for dando o peito por tempo indeterminado aos filhos.

Vale lembrar que, diferentemente das culturas nas quais o seio da mulher não tem nenhum apelo erótico para os adultos, o seio feminino na nossa cultura é alvo de verdadeiro culto. Haja vista o uso de sutiãs, as cirurgias para colocação de silicone, a valorização dada a eles pela moda e o frisson que dar de mamar em público causa. A criança também reconhecerá o seio com essa dupla vertente: fonte de alimento e órgão sexual. Não se trata de um cotovelo a ser chupado indefinidamente, o que já seria bem bizarro também. Trata-se de um órgão com participação efetiva no ato sexual entre adultos.

A coisa complica ainda mais quando pensamos na questão do corpo feminino em nossa cultura. Temos dificuldade em entender que a mulher, embora compartilhe de seu corpo para dar origem a outro ser, não pode estar à disposição desse outro indefinidamente.

Aliás, o paradoxo da criação de filhos é que ela só funciona se observarmos o tempo de cada coisa. Basta pensarmos em quantos banhos deliciosos demos em nossos bebês e que horror seria continuar a dá-los no adolescente. Da dependência absoluta do bebê à autonomia do adulto, o tempo das coisas é fundamental. Mais do que cronologia, que desrespeita a singularidade de cada filho, trata-se de reconhecer o sentido do que se oferta e do que se interdita e ficar atento ao que está em jogo quando o anacronismo impera. Dispor do corpo da mulher indiscriminadamente a coloca em dois lugares paradoxais: de ser onipotente e insubstituível, sem o qual a criança pereceria, mas também de objeto à disposição da criança, que se dobra às suas vontades.

Da onipotência à objetificação, o corpo feminino está em risco nessas fantasias de possessão tão perigosas. Bebês e crianças, por sua vez, podem prolongar a amamentação para satisfazer à mãe, ou se recusar a lhe dar esse gostinho.

Resumindo, cabe à mulher decidir sobre o aleitamento — e tudo mais que diga respeito ao seu corpo —, mas cabe ao psicanalista alertar para o que pode fazer parte dessa escolha.

29. Criança dá trabalho

MEU PAI, então com treze anos, acordava nas madrugadas frias de São Paulo para carregar gelo numa banca de peixe do Mercado Municipal. Para se aquecer e parecer adulto junto aos homens com quem trabalhava, encarava uma aguardente. Proporcionou uma vida muito mais confortável para os filhos. Meu sogro ficou órfão e precisou pedir emprego em uma marcenaria, aos dez anos. Ouviu que ainda não tinha idade para trabalhar. Foi sozinho ao juizado e disse que era arrimo de família. Ganhou a permissão e parou de estudar — estava na quarta série. Formou quatro filhos na faculdade.

É tocante a cena do filme *Dois filhos de Francisco* (Breno Silveira, 2005), na qual Zezé di Camargo e Luciano, ainda crianças, levam para casa os primeiros trocados que serviram para salvar a família da miséria da capital. São histórias sobre as quais uma família pode se orgulhar e que costumam ser contadas por uma descendência que não precisou passar por isso. Mas o orgulho do trabalhador criança é proporcional ao demérito do Estado.

A Constituição de 1988 admite que se trabalhe a partir dos dezesseis anos e, na condição de aprendiz, a partir dos catorze anos. Trabalho noturno, perigoso ou insalubre só a partir dos dezoito. O trabalho de adolescentes entre catorze e dezoito anos ocorre sob as seguintes condições: é proibido em locais

Criança dá trabalho 105

prejudiciais à sua formação, ao seu desenvolvimento físico, psíquico, moral e social, em horários e locais que não permitam sua frequência à escola e, por fim, deve ser garantido o direito de fazer coincidir suas férias com as férias escolares.

A experiência do trabalho infantil pode até forjar caráteres, mas ceifa oportunidades e muitas vidas. Os casos de sucesso financeiro são tão pontuais que são citados como grande feito. No entanto, eles não dão garantia de que houve uma boa formação física e emocional, pois a exposição ao ambiente profissional precoce é abusiva.

A escola foi o lugar que a modernidade construiu para que as crianças pudessem ser preparadas para ingressar no mundo adulto. Não se trata apenas de aprender a fazer contas, ler e escrever, mas de interpretar o mundo, de pensá-lo criticamente e de ser protegido física e psiquicamente.

A maioria das crianças já comercializou objetos, aprendeu algumas atividades dos pais, fez bicos, lidou com algum dinheiro e, se não o fez, perdeu a chance, pois pode ser bem divertido. Mas confundir esse exercício informal e tutelado com o trabalho infantil, que as campanhas internacionais denunciam, é má-fé.

A Idade Média não pode servir de modelo para o futuro das nossas crianças.

A naturalização tem sido um dos grandes entraves mundiais para a eliminação do trabalho infantil e as frases que saem da boca da extrema direita parecem conversa de boteco, alimentando ainda mais essa visão distorcida do fenômeno. Os motivos são claros: cabe ao poder público pensar e oferecer saídas — leia-se escolas e condições sociais para as famílias — para que as crianças não precisem trabalhar na agricultura, na construção civil, nos lixões, nas ruas, nas fábricas e, finalmente, na prostituição. Mas, em vez de se responsabilizar pela empreitada e continuar apontando a bússola para a erradicação do problema, há os que ridicularizam e fazem piada com uma de nossas maiores tragédias. Como cantam os queridos Paulo Tatit e Sandra Peres do grupo Palavra Cantada: "criança não trabalha, criança dá trabalho". Mas isso é música que só criança que teve direito ao ócio pôde ouvir.

30. Vida longa às vovozinhas assanhadas

UM NOVO APLICATIVO TEM CAUSADO furor ao envelhecer a imagem do usuário a partir de uma foto atual. Ele também nos projeta com outro gênero ou nos estilos "Barbie e Ken". Confesso que o mais gostoso de me ver mais velha foi o alívio de voltar para a foto original. Ufa! estou ótima, perto de como ficarei. Mas também dá para curtir a ideia de que poderei reconhecer meus traços, ainda que a mão do tempo tenha amassado ainda mais meu rosto.

As reações dos jovens ao se verem nessas imagens variam de "não consigo me imaginar velho" até "fazendo Botox/ plástica não ficarei assim". Basicamente, negamos e ponto.

Na velhice a miragem está no passado e não no futuro. De repente, paramos de sair bem nas fotos, mas demoramos a admitir que se trata de nós e não da luz ou do fotógrafo.

Envelhecimento é algo que acontece com os outros. Há pouco, vendo minha mãe inusualmente cansada, perguntei--lhe se se sentia triste, ao que ela respondeu que estava "ficando" velha. Nada mal para quem tem 92 anos.

Lembremos de Freud, quando se deparou com um homem velho e mal-encarado, deixando-o exasperado. Em seguida, percebeu assombrado que vira sua própria imagem refletida no vidro. A ideia do "estranho familiar" é central na psicanálise e diz daquilo que não reconhecemos em nós mesmos, embora conheçamos visceralmente.

A velhice nos confronta com o medo de adoecer, de depender dos outros e com a certeza da morte. Mas, para além desses fatos, existe o engodo de confundir limitações físicas com infantilização. Minha mãe me contou indignada a cena de sua incursão recente em um grupo de atividade física para idosos, no qual o coordenador propôs que se dessem as mãos para entoar um "ciranda-cirandinha". Ela esbravejou: "Meu caro, tive seis filhos, não dá para voltar a ser criança!". Saiu batendo a porta e não voltou mais.

Atendendo senhoras nessa faixa etária vemos como é difícil que se assumam e sejam reconhecidas como sujeitos com histórias de vida interessantes, eróticas e politizadas, enquanto seus corpos perdem a potência habitual. Elas contribuem com essa imagem, muitas vezes por se resignarem durante a criação de filhos e netos. Confundem a discrição de sua vida pessoal, amorosa e sexual — que não precisa ser escancarada para os outros — com a extinção dessa vida. A jovem mulher exuberante dá lugar a uma figura de mãe recatada e do lar, perdendo a chance de revelar aos filhos que por trás de mães existem mulheres.

A sexualidade dos pais incomoda o filho inexperiente que ainda não se sente seguro da sua própria. Cabe a sensibilidade e o decoro de pais e filhos para que não se intimidem ou entrem em disputas, pois se trata de manter cada um no seu quadrado. Mas vestir a carapuça de abstinente e condenado ao tédio é demais. A personagem de Sonia Braga em *Aquarius* (Kleber Mendonça Filho, 2016) dá uma lavada na alma das mulheres mais velhas ao bancar seu desejo e in-

Vida longa às vovozinhas assanhadas

dependência diante das investidas da filha para que abdique de sua vida.

As atuais vovozinhas — entre setenta e oitenta anos — foram as jovens dos anos 1970 e 1960, que deram origem à liberação de costumes, à nova onda feminista, ao amor livre, às drogas alucinógenas. Pensar nessas mulheres como aposentadas do desejo é de uma miopia grotesca.

A mulher que abre mão do desejo em nome da maternidade expõe as filhas ao mesmo dilema deixando-lhes a opção de terem que abrir mão da própria maternidade para continuarem a ter uma vida. Vida longa às vovozinhas assanhadas, suas filhas e netas.

31. Teste seu antifeminismo e pare de dar vexame

A MULHER PODE SE DIZER ANTIFEMINISTA — afinal, ninguém é perfeito —, mas proponho um teste para que evite vexames.

Primeiro: Existe feminista vaidosa? Sim, e como! Mas mesmo a feminista peruaça não acha que tem que ser mais jovem ou mais bonita do que o homem. Cérebro e caráter fazem muito sucesso com os homens que valem a pena.

Segundo: São as feministas peludas? São, quando desejam ser peludas. Caso contrário, elas se depilam ou multicolorem os pelos, vai do gosto.

Aliás, é disso mesmo que se trata: de dispor do corpo como quiser. Talvez, a mulher antifeminista tenha ficado chocada, por exemplo, com a performance de Valie Export em *Genital Panic* (Munique, 1968), na qual a artista, em vez de mandar um vídeo para a exposição, sentou-se diante do público descabelada, de pernas abertas e com o sexo à mostra, segurando uma arma.

Para bom entendedor uma performance basta: "Meu corpo, minhas regras". Faz "só" cinquenta anos, mas deu o que falar! A outra opção seria usar a arma contra alguém. Mas essa teria sido a resposta da masculinidade dos homens frágeis.

Terceiro: As mulheres feministas não querem filhos? Há as que querem e há as que não querem. De qualquer jeito, elas

Teste seu antifeminismo e pare de dar vexame

não acham que mulher sem filho é "jardim sem flor". Mas tem um detalhe: feministas costumam colocar no mundo filhos/filhas feministas. É uma praga.

Quarto: Como é o sexo da feminista? Algumas acham melhor abrir mão dos homens, mesmo não sendo lésbicas, pois sofreram demais na mão deles ou viram muito sofrimento das outras.

Outras aproveitam que não estão mais submetidas ao sexo marital, ao casamento arranjado ou baseado na dependência financeira para transar gostoso. Tem aquelas que gostam de levar/dar uns tapas durante o sexo, mas tem que ser na hora, no lugar e do jeito que elas querem.

Quinto: Atenção, essa questão vale mais pontos, pois se trata de um dos maiores riscos de se passar vergonha. Feminista cuida da casa? Tem feminista que adora cozinhar, lavar roupa, cuidar da casa, dos filhos, cuidar do maridinho/esposinha.

A diferença é que ela não faz isso porque "é coisa de mulher", mas porque ela pode, quer ou precisa. A feminista sabe que trabalho doméstico é trabalho, embora não seja devidamente remunerado.

Sexto: Você repudiaria publicamente o direito ao voto, a casar com quem quiser e se quiser, a ter filhos ou não, a vestir o que bem entender, a ler, a se sustentar, a dirigir, a jogar futebol?

A lista é longa, mas, como se sabe, são direitos conquistados. Pode parecer que esses direitos nasceram junto com a Terra plana, mas eles envolvem muita luta, violência e mortes.

As mulheres na Arábia Saudita não podiam dirigir até 2013 e só passaram a votar em 2015. Malala Yousafzai, aos quinze anos, levou tiros por querer estudar no Paquistão. Mulheres no Brasil ainda não podem decidir se seguem ou não com a gestação.

Sétimo: Homens podem ser feministas? Ponto controverso, mas comungo com a corrente que defende que feminista é qualquer sujeito lutando pelo direito à igualdade de escolhas e oportunidades entre sexos e gêneros.

Adendo: As feministas não estão livres de preconceitos, longe disso, mas se dedicam a se livrarem deles. Se você provou seu antifeminismo, tem direito ao prêmio e pode escolher: burca, casamento compulsório ou visto de residência no Iêmen.

Agora, se você quer continuar a usufruir do que as que vieram antes de você conquistaram, pare de dar vexame, amiga.

32. O erro dos pais

LEMBRO DO SUSTO QUE LEVEI a primeira vez que assisti ao lançamento de uma nave espacial. Todo aquele aparato gigantesco e fálico emergindo de uma explosão fumacenta em direção ao "infinito e além". Qual não foi minha surpresa ao ver a estrutura, antes imponente, despencar deselegante, enquanto uma minúscula cápsula era lançada rumo à história. A nave-mãe, ou papai se quiser, nos serve de grosseira metáfora para pensarmos nossa função junto aos filhos adolescentes.

As pessoas se espantam quando afirmo gostar da fase adolescente dos filhos, pois esse período é tido como anticlímax da parentalidade. Momento no qual pais e mães supõem que fizeram tudo errado, sem entender muito bem como, quando e o quê.

Cadê o filhinho/filhinha para quem minhas piadas toscas sempre tinham graça, minha inteligência era um fato inquestionável e minha aparência não causava constrangimentos? Onde foi que eu errei?

A fantasia de fracasso pode ser compartilhada em grupos de WhatsApp ou escrupulosamente escondida. Afinal, não é fácil despencar lá de cima depois de ter ocupado o centro da cena por tantos anos.

Freud dirá, em várias ocasiões, que a grande tarefa da adolescência é superar o jugo da autoridade parental. Condição necessária para que os filhos sigam a própria vida sem os pais e possam eles mesmos vir a serem pais — se desejarem.

Em nossa época pensamos nos filhos muito mais como projetos de retorno afetivo e narcísico do que como sujeitos que terão uma vida própria para enfrentar. Com a brincadeira da nave espacial sugiro que filhos são nossos projetos, mas também projéteis a serem lançados na imensidão — como nós mesmos fomos lançados.

E o que não deve faltar na mochila do nosso jovem astronauta?

Primeiro, capacidade de aguentar a revisão contraintuitiva de sua vida. No caso da Terra, trata-se de reconhecê-la redonda, giratória e flutuante contra a experiência de plano, imóvel e sustentado, que temos ao habitá-la. No caso da revisão da família feita pelo adolescente, trata-se de reconhecê-la singular e datada.

É tão duro — quanto necessário — perceber que as verdades de nossos pais não correspondem a verdades absolutas, sendo sempre uma forma particular de estar no mundo. Entre infinitos exemplos, que vão desde a língua materna até os hábitos higiênicos, basta lembrar que as famílias podem ser católicas, muçulmanas, umbandistas, judias, ateias...

A família é datada, pois vivemos em uma sociedade que se baseia na quebra das tradições e na revisão permanente de seus valores. O que valeu para os pais — como virgindade feminina ou casamento heterossexual — nem sempre valerá para os filhos.

Mas se "o novo sempre vem", também é verdade que "ainda somos os mesmos e vivemos como nossos pais", como nos ensinou Belchior. O básico não muda, desde que somos

O erro dos pais 115

humanos. A mochila do astronauta, que, com sorte, lançamos no mundo, vai sendo preenchida desde o dia zero de sua existência com a voz, o olhar, o toque. Essas interações enchem o tanque do bebê de ternura, desejo e linguagem fazendo frente ao desamparo humano. O investimento respeitoso e amoroso ao longo dos anos dá a base para o que se transmitirá dos valores: ética, respeito, diálogo, conhecimento.

O primeiro erro dos pais é não confiarem no que já colocaram na mochila. O segundo é esquecer que se, por um lado, não podem e não devem tentar percorrer o trajeto que agora é só dos filhos, por outro, pais/mães podem ser — por mais algum tempo — o ouvido que acolhe a frase *"Houston, we have a problem!"*.

33. Como não falar sobre a morte com as crianças?

O PSICANALISTA MARIO EDUARDO COSTA PEREIRA, autor do best-seller *Pânico e desamparo* (1999), começou sua fala, num evento recente de psicanálise, avisando que precisaria sair impreterivelmente às 12h. Completou a informação com a frase: "Tenho que encerrar no horário marcado, pois vamos todos morrer".

Obtida a esperada reação, Pereira explicou que, se não fôssemos morrer, não teríamos por que nos preocupar com a duração dos eventos, que poderiam estender-se eternamente.

A morte, parafraseando Protágoras de Abdera, "é a medida de todas as coisas", sem a qual nada do que fazemos teria sentido.

Lacan dizia que só aguentamos a vida na condição de sabermos que ela acaba, e Winnicott deixou a dica de tentarmos estar vivos até o momento de nossa morte.

Para a psicanálise, a morte autoimposta, como o suicídio, e a existência de "mortos-vivos" são temas cruciais para refletirmos sobre o viver. Vale a leitura do dossiê da *Revista Cult* de outubro de 2019, edição 250, que aborda o suicídio, assunto urgentíssimo. Os mortos-vivos, por sua vez, nunca estiveram tão em alta como hoje. *Ensaios sobre mortos-vivos* de Diego Penha e Rodrigo Gonsalves (2018) nos dá a

Como não falar sobre a morte com as crianças?

dimensão da importância de pensarmos as existências alienadas e psiquicamente empobrecidas que se multiplicam à nossa volta.

Por volta dos três anos de idade, as crianças já estão bem interessadas na questão "de-onde-viemos-e-para-onde-vamos?". Pra onde foi a vovó ou pra onde foi o peixinho são perguntas tão fáceis de responder quanto impossíveis. Se podemos indicar onde corpos inertes são jogados ou sepultados, não temos a mínima ideia sobre o destino do que os animava.

Sempre me surpreendeu a insistência de Freud em querer saber o porquê de sofrermos tanto diante da perda do objeto amado. Afinal, não é óbvio? Imagino o fundador da psicanálise como uma criança pentelha que perguntava sobre tudo sem parar e que, diferentemente das demais, cresceu sem se emendar.

A pergunta que não quer calar, e que se escancara diante da morte, é sobre o destino a ser dado à falta que o outro nos faz. Para onde vai o amor anteriormente investido, depois que o amado desaparece? De onde virá o amor, depois de sua perda? O luto é o penoso e incontornável processo de transferir o investimento amoroso para outros objetos para que a vida possa seguir sem, no entanto, deixarmos de sentir a falta.

Lidando com a morte do próprio pai, Freud escreveu sua obra-prima *A interpretação dos sonhos* (1899), dando um destino magnífico para seu sofrimento. Em "Luto e melancolia" (1917), foi enfático em não recomendar o tratamento do luto, pois qualquer um de nós teria as ferramentas para realizar esse processo. Caso contrário, não teríamos como suceder nossos pais, companheiros, filhos… É sabido, no entanto, que nossa época vai na contramão de todas as condições à elaboração do luto preconizadas por Freud, dificultando aquilo que por si só costuma ser duríssimo.

Minha filha me perguntou, por ocasião da morte do tio, para onde ele tinha ido. Ela tinha três anos. Respondi que algumas pessoas acreditavam que ele tinha ido para a terra e outras que ele estava no céu, de fato, ninguém sabia, mas que o duro mesmo era a falta que eu sentia dele. Depois de calcular um pouco, ela disse que preferia acreditar no céu.

Cada um que escolha sua resposta, desde que não nos furtemos a falar sobre a certeza da morte. Afinal, não temos a eternidade para abordar essa conversa.

34. A conta não fecha

NA TENTATIVA DE ESCAPAR da angústia que certos temas promovem, opta-se pela crítica "bipolar". Contra a idealização da maternidade, circula a ideia da maternidade infernal.

Ora chamando de sagrado, ora apelando para os infernos, esse tipo de polarização é a prova de que não conseguimos pensar o tema em sua complexidade, mas apenas alternando humores epifânicos com suicidas.

Entrevistada sobre a conciliação entre maternidade e carreira, percebo o desejo no entrevistador de que minhas respostas apontem uma saída satisfatória e justa para a equação maternidade e filhos.

Mas, como dizia a psicanalista Françoise Dolto, justiça não é coisa deste mundo. Com as novas tecnologias e com os recém-adquiridos direitos femininos, mães teriam a mesma condição de carreira que os pais? A resposta é não.

A experiência da mulher na maternidade não tem paralelo com a do homem na paternidade. E isso não é bom nem ruim, apenas diferente.

A maternidade, ao passar pelo corpo da mulher, implica ônus e bônus diferentes daqueles do homem, que pode ter filhos espalhados pelo mundo sem vir a sabê-lo. Elas podem, com a ajuda da medicina, postergar a maternidade para quando a carreira estiver mais consolidada. Algumas conseguem, mas supor que isso não afetará a carreira é ingenuidade.

O filho nascido necessita de presença corporal afetiva e efetiva, levando mais de uma década para que possa ficar sozinho em casa, por exemplo. Isso significa que, muito além da gestação/amamentação, temos o cuidado ostensivo com as crianças. Aqui poderíamos equalizar as tarefas, mas reza a lenda que só a mãe sabe do que um bebê precisa. Está aí um mito cuja conveniência para os homens salta aos olhos.

Mas ainda que a mulher consiga se dedicar à sua carreira tanto quanto os homens, o fato é que muitos deles têm se ressentido de só ocupar o lugar de provedor junto aos filhos.

Os pais começam a reivindicar uma relação mais próxima e íntima com a prole. No lugar de puxar o saco do chefe, o pai avisa que vai sair no horário porque tem que buscar o filho na escola. Afinal, a intimidade com os filhos, que passamos a prezar tanto na atualidade, não ocorre no vácuo, ela é presencial.

No geral, as crianças se desenvolvem muito bem, mesmo quando mães/pais se dedicam intensamente ao trabalho, mas isso não significa que a intimidade entre eles e seus filhos não fique ameaçada.

Lembremos do maravilhoso filme *Que horas ela volta* (Anna Muylaert, 2015), no qual a proximidade afetiva se dava entre a babá e o filho da patroa, enquanto sua própria filha, criada pela avó, lhe era uma estranha.

Não há certo ou errado nessas escolhas, mas elas precisam ser assumidas, sob pena de perder mais do que o inevitável.

Os adoecimentos na tentativa de ter uma carreira como se não tivesse filhos, ou filhos, como se não tivesse uma carreira,

A conta não fecha

são a prova do inferno, no qual mulheres, que tentam dar conta dessa condição de forma onipotente.

A maternidade penaliza o trabalho das mulheres e isso é um fato que só poderá ser compensado com saídas coletivas (licenças maternas/paternas maiores, creches, estabilidade no trabalho, divisão igual de tarefas).

Mas, para isso, é fundamental reconhecermos que entre carreiras e filhos não há escolha sem perdas e as perdas são substancialmente maiores do lado da mulher. Quando elas tentam dar conta do impossível, achando que a conta fechará, acabam por reproduzir seu próprio jugo.

35. A primeira vez dos jovens

No DOCUMENTÁRIO *A Terra é plana* (2018), um dos entrevistados argumenta que a Terra não gira, porque, como podemos observar, está tudo parado à nossa volta. Assim, também seguem os avestruzes de plantão com o argumento de que incutir a abstinência na cabeça das meninas é o melhor jeito de evitar a gravidez adolescente. Como o entrevistado do documentário, a lógica se faz pela percepção simples e pelo *achismo* — com o agravante do preconceito de gênero habitual, que imputa à mulher a responsabilidade por uma gestação autoengendrada.

A ciência, que teve o mérito de provar que a Terra é uma bola, também acumula pesquisas mostrando que a política de abstinência sexual não tem bons resultados, enquanto o acesso à educação sexual nas escolas e o acesso aos meios contraceptivos, sim. Diante de comprovações científicas, devemos incrementar recursos para aumentar a eficácia da política educativa ou apostar na percepção do "sem sexo = sem bebês"?

Algumas propostas pregam uma abordagem da questão sexual que se resume a munir o jovem da instrução "não transe" e, só depois de alguma insistência, falar sobre o que interessa e oferecer-lhe recursos. Nesse meio-tempo eles desconhecem as premissas do consentimento, engravidam e transmitem doenças sexuais.

A primeira vez dos jovens 123

Trata-se de ação comparável a enfrentar cáries proibindo o açúcar em vez de apostar na escovação, no uso de fio dental e nas visitas regulares ao dentista. Consumo criterioso é parte importante do tema, mas abstinência total é delírio autoritário.

Abster-se — se funciona — retarda o problema, deixando o jovem à deriva quando ele decide começar a vida sexual. Além disso, apostar na capacidade de persuasão para a abstinência como ferramenta principal é de uma pretensão assustadora.

A preocupação com o início precoce da vida sexual, gravidezes indesejadas e a transmissão de doenças é compartilhada por todos, mas os métodos para lidar com o problema revelam um espectro que vai da ingenuidade de alguns à má-fé de quem diz se basear na ciência, mas se guia apenas por seus próprios preconceitos.

Conservadores acertam quando afirmam que as meninas — eles ignoram os meninos, óbvio — transam precocemente por pressão do grupo, por insegurança e para agradar. Eles esquecem, no entanto, que, quando o adulto as orienta a simplesmente se absterem, ele assume uma postura de autoridade que fere a autonomia e a autoconfiança que pretende promover. Nem pelo grupo, nem pelos pais, nem pelo Estado, o jovem precisa ser educado a refletir criticamente sobre sua relação com seu desejo, com seu corpo e com os outros e a assumir a responsabilidade sobre seus atos. Pais, professores e Estado não têm como decidir o momento em que o jovem iniciará a vida sexual, mas podem tentar oferecer melhores condições para quando o fizerem.

Meninos se comparam com modelos de filmes pornôs, nos quais adultos com pênis enormes transam com mulheres que simulam um gozo sem fim. Meninas se comparam com musas do Photoshop, cujas imagens são cuidadosamente retocadas para dissimular imperfeições. As primeiras relações sexuais são fonte de preocupação para pais e filhos por motivos diferentes, mas igualmente justificáveis: gravidezes e doenças, por um lado, desempenho e aceitação, por outro.

Informá-los, educá-los, escutar suas inseguranças, dar-lhes meios para se protegerem, oferecer perspectivas de estudo/trabalho que concorram com o projeto de ter filhos e interromper concepções indesejadas são as estratégias que comprovaram ter os melhores resultados. O resto é palpite infeliz.

36. O que esperamos do amor?

O AMOR ROMÂNTICO VEM SENDO esculhambado pela psicanálise há mais de um século, o que não nos impediu de continuar amando, sofrendo e dando vexames. A adorável ilusão de que amamos o outro de forma isenta e altruísta é tão pueril, que já era motivo de deboche por Freud, mesmo ao falar do sacrossanto amor dos pais pelos filhos.

Na realidade, amamos no outro o que queríamos ter/ser ou o que fomos e não somos mais. Amamos, também, que o outro nos ame, ou seja, amamos ser amados. Horrível? Não, apenas humano e, ainda assim, conseguimos fazer coisas sublimes com isso, verdadeiros atos heroicos.

Apesar da tristeza crônica — dos sujeitos que só se entregam à versão sofrência —, da solidão convicta dos resignados e dos amores descartáveis, os encontros contemporâneos têm seus encantos.

É injusto e soa nostálgico imaginar que amávamos mais e melhor no passado e que agora as relações são necessariamente cínicas. Antes era melhor? Para além das denúncias que Zygmunt Bauman já fazia em *Amor líquido* (2003) e que revelam o caráter descartável, narcisista e consumista das atuais relações, sabemos que a pós-modernidade também imprime alternativas interessantes, antes impensáveis para os amantes.

Os casais pós-modernos podem se formar fora das justificativas das necessidades física, moral e financeira. No tempo em que a mulher solteira — suposta solitária — não assusta mais, a dependência financeira não justifica a permanência junto ao parceiro/parceira, a exclusividade sexual se mostra ultrapassada e filhos podem ser criados por casais desfeitos ou nunca instituídos, o que sobra, afinal?

Se formar um casal não se trata apenas de um gesto compulsório ou regido por motivações alheias ao desejo, o que esperar do amor? Os enganches neuróticos, que tanto sofrimento causam — em troca de uma pitada de prazer inconfesso —, são onipresentes, isso é claro. Mas nem só.

Para começar, com ou sem amor, a questão continua sendo a mesma: temos uma vida que nos parece suficientemente significativa? Depois de encarar essa resposta, ainda cabe perguntar: queremos compartilhá-la com alguém em especial? Talvez a resposta seja sim e inclua um amor.

Por outro lado, diante de uma vida desinteressante, o próprio amor pode servir para redimensionar o significado de estar vivo, transbordando suas benesses. No livro mais conhecido do autor uruguaio Mario Benedetti, o amor encontra o lugar precioso que o título sugere: *A trégua* (1960). O personagem, ao assumir o laço amoroso e encarar a possibilidade de sair da solidão autoimposta, acaba por reparar as relações estremecidas que tinha com os filhos e consigo mesmo. Personagem dos mais inexpressivos da literatura ganha o merecido título de herói ao arriscar amar e, necessariamente, perder. Pois, se o amor é contingencial, já sua perda é garantida: ou o afeto acaba ou a pessoa em que o depositamos morre.

O que esperamos do amor?

A tentativa de manter o objeto amado a pulso, de rivalizar com seus outros interesses, de controlar o afeto fugaz é a receita perfeita para a morte do amor e sua transformação em ódio.

Acreditar que nossa solidão estrutural pode ser aplacada pela presença do amante é outra fantasia que o amor insiste em contrariar. Em nossa época, o amor teria a vocação de ser apenas a contingente e fugaz trégua na incontornável solidão humana. A mim, soa suficientemente bom.

37. Amor à família é álibi perfeito

O AMOR, GROSSO MODO, é a solução que nós humanos criamos para suportar uns aos outros, criar uma sociedade e, com isso, garantir nossa sobrevivência. O que pode parecer altruísmo e elevada espiritualidade revela-se estratégia vital ancorada em uma manobra narcísica. Amo antes de tudo a mim mesmo e, quando passo a amar o outro é na esperança de que ele me ame também e não me elimine na primeira oportunidade.

Amar é demandar amor. "Eu te amo" pode ser uma das piores frases a se ouvir, quando a recíproca não é verdadeira, pois a expectativa que o outro nos impõe é enorme. Quando há reciprocidade, mal começa o coro de anjos e já tememos pelo seu fim — amantes não têm sossego mesmo!

Reza a lenda que o amor entre pais e filhos é garantido e o fato de não termos uma palavra que nomearia o status de pessoas que desistiram dos filhos mostra nossa dificuldade em pensar a questão. Não deixa de ser verdade que, por ser dos laços mais narcisistas — posto que a descendência alimenta nossa fantasia de continuidade —, o amor filial costuma ser dos mais insistentes mesmo. Exemplos de relações parentais fracassadas abundam, embora tendam a ser ignorados ou patologizados.

Quanto aos amores de casais, viúvos e viúvas têm o "péssimo hábito" de casarem novamente, deixando a amarga sen-

Amor à família é álibi perfeito

sação de que seríamos substituíveis. Filhos, por sua vez, estão condenados a elaborar as primeiras e fundamentais relações amorosas e, portanto, têm mais dificuldade em se livrarem da onipresença parental. São anos de análise tentando fazê-lo.

Ao reconhecermos que os laços amorosos são trabalhosamente construídos, só podemos concluir que são potencialmente destruíveis. Responsável pela igualmente necessária separação entre nós, o ódio vem antes do amor, que dele decorre. A relação dialética entre amor e ódio permite que tenhamos encontros significativos, mantendo a sanidade da separação. Segundo Lacan, o amor seria dos mais belos sintomas, quer dizer, o inventamos para tentar dar conta do desamparo fundamental, que nos fez depender desesperadamente do outro.

Por meio do amor obtemos o reconhecimento e a proteção necessários para nos tornarmos humanos; a satisfação erótica e sexual; as relações de amizade e a chance de nos reinventarmos a partir do encontro com a alteridade. Feito para nos proteger uns dos outros, acaba por mostrar-se melhor do que a encomenda, quando nos faz superar nossa mesquinhez ordinária e se transforma em solidariedade.

Sem ele, a indiferença correria solta e teríamos milhares de mortes desnecessárias, fruto de nosso profundo desinteresse pelos demais. Estaríamos passeando pelas ruas sem máscara ou pedindo a volta da ditadura, matando crianças por ação ou omissão e outras formas de horror à vida.

É claro que sempre podemos alegar que amamos nossa família — costuma ser verdade —, mas isso só serve como álibi. O amor que se resume aos nossos familiares e iguais e que despreza os laços sociais e os desconhecidos revela-se fracassado de saída.

O amor que recebemos ao longo da infância precisa ir muito além do privado. Partindo de nós mesmos deve ir em direção aos pais/cuidadores; da família em direção à comunidade; e da comunidade em direção a toda humanidade e, por que não, a todas as formas de vida. Sem a passagem do amor filial para o social mais amplo, cada família se torna um pequeno "bunker" a se proteger das demais, em estado de permanente guerra.

38. Solidão, modo de usar

A ORDEM É CADA QUAL NO SEU QUADRADO, mas ficar em casa pode ser bom? As respostas variam. Das coberturas de alto padrão às palafitas sem água e esgoto — nas quais o poder público se nega a reconhecer que habitam cidadãos —, não há resposta única ou permanente.

Dias ruins, dias piores, dias quase bons. Das quarentenas individuais às casas cheias, ter companhia evita a solidão? A ausência dela é pior? Com quem estamos ou deixamos de estar pode fazer toda a diferença, mas isolamento social não equivale à solidão.

Guimarães Rosa em *Ave, Palavra* (1970) nos diz: "Eu estou só. O gato está só. As árvores estão sós. Mas não o só da solidão: o só da solistência". Da solidão da existência padecem fauna, flora e humanos com a desvantagem de que os humanos sabem disso. Existimos como peixes, gatos e árvores, mas, aos termos consciência disso, vivemos a "dor de existir", como dirá Lacan.

Para essa dor inescapável, de nos sabermos falhos e finitos, que remédio inventamos? Escrevo este artigo para leitores a quem desconheço, mas ao fazê-lo dou destino a minha "solistência". Existem outros destinos como laços de intimidade, reconhecimento social e amor.

Cada cultura e época terá suas marcas preponderantes, que nos afetarão a todos, embora de formas diferentes. Na nossa, o culto ao individualismo, os ideais de independência e autossuficiência caminham juntos com a sanha por popularidade, celebridade e influência. Estamos com o outro na condição de segui-lo ou ser seguido por ele. Atendemos demandas em busca de aceitação, na contramão do desejo próprio. Os animais de estimação têm sido o paradigma da companhia perfeita, afinal, eles nos são fiéis e nunca discordam de nós.

Outra marca de nossa época é o ideal de produtividade neoliberal, que extrapola o âmbito do trabalho — e tem caráter autoescravizante —, contaminando o lazer e as atividades pessoais. O circuito ininterrupto de trabalho-lazer-relações é mantido à base de drogas lícitas ou ilícitas, tanto faz. As imagens nas redes sociais provam como nossa vida é produtiva de domingo a domingo. Só nos resta alternar esse ritmo desumano com períodos de paralisação alienada.

Para fazer frente a isso ao preço de muito sofrimento temos, por exemplo, os jovens eremitas da era da hiperconectividade, os *hikikomori* — termo cunhado por Tamaki Saito em seu livro *Isolamento social: Uma adolescência sem fim* (1998). Esses jovens parecem não suportar as demandas sociais e se isolam voluntariamente — às vezes, durante anos —, para desespero de familiares e profissionais de saúde.

Não suportar as demandas excessivas é dica de que caímos na armadilha de tentar dar conta delas, de tentar respondê-las. Vemos o alívio que algumas pessoas sentem com o isolamento, usando a quarentena como desculpa para dizer alguns "nãos", os quais não se atreviam a dizer.

Solidão, modo de usar

Esse "vácuo" possibilita que se ponha em xeque casamento, trabalho, filhos, vida social. O que pode ser bem assustador para quem vivia fugindo de si. Respondendo incessantemente às demandas, sobrava pouco tempo para olharmos nossos desejos.

Se a pandemia nos deu o álibi social, por outro lado, não resolveu o problema de convivermos conosco sem as distrações do mundo lá fora. É difícil ser boa companhia para si mesmo, quando não queremos ouvir o que desejamos de fato. A quarentena acabará, mas a questão da solidão continuará um tema humano fundamental.

39. O amor está no ar

QUEM NUNCA CONHECEU um casal de amantes, cuja paixão só funciona sob a condição de estarem em uma relação estável com alguém que ignora a situação triangular?

A promessa de separar do marido/esposa é sempre quebrada pela desculpa de ter filhos, família, amigos, reabrindo o incansável circuito de sofrimento, intercalado por cenas de sexo tórrido. Revelado acidentalmente o jogo da infidelidade, desfeitos os casais juramentados, os amantes passam a ser o casal oficial e não demora muito para que descubram que o prazer acaba junto com o fim da clandestinidade. Como continuar a brincadeira nesses casos nos quais o verdadeiro afrodisíaco era ter alguém de fora, fazendo com que o sexo mais banal fosse alçado à glória por seu caráter proibido? Por vezes, recomeçando o circuito: traindo o atual com o ex, e assim sucessivamente, revelando que o jogo sempre fora a três — ou quatro —, ainda que inconsciente.

Roteiro de incontáveis relacionamentos, que se torna cada vez mais antiquado diante de uma geração que já não tem compromisso com monogamia compulsória e repensa os acordos afetivos.

Monogamia eletiva é uma possibilidade entre outras, assim como encontros fortuitos — que não dizem respeito a ninguém além dos interessados — ou ainda o compartilhamento com o parceiro de relações pontuais e a poligamia. O jogo afetivo e sexual tem inúmeras combinatórias e motivações, para além das descritas aqui, e convém não generalizar, pois se há uma coisa que a psicanálise revela é que cada um goza como dá e lida com as mazelas e delícias do seu desejo como pode.

Mas eis que chegou a pandemia e o que era intricado ficou mais.

Sexting, pornografia e masturbação foram alçados à categoria de "o que tem para hoje" — evito o chatíssimo "novo normal", uma vez que "novo" e "normal" são expressões bem questionáveis.

A masturbação, que já foi tão demonizada, mostra-se tática de guerra diante das privações que o vírus impõe. Dá para escrever um tratado sobre a importância de prática tão vilipendiada. No que tange às descobertas do corpo próprio e seus encantos, ela é fundamental para que no encontro com o outro tenhamos algum repertório que indique as condições do nosso prazer. Lembremos que a falta de orgasmo feminino no encontro sexual raramente se confirma na masturbação. Outra razão diz respeito à exploração das fantasias eróticas que acompanham o ato e que também fazem parte do repertório que leva ao prazer. Contraindicações: que seja feita diante de um público que não autorizou, que sirva como forma de fugir de relacionamentos afetivos ou como descarga privilegiada para todas as excitações, limitando outras produções do sujeito (impedindo assim a sublimação).

Já o sexting — o tão temido envio de mensagens de cunho erótico e sexual por celular — passa a ser umas das boas práticas impostas pelo isolamento. A pornografia, por sua vez, merece atenção à sua procedência — há crimes ligados a muitas produções — e, principalmente, ao público-alvo. Não recomendado para adolescentes começando sua vida sexual, pelo caráter deturpado das experiências encenadas. Há campanhas denunciando os efeitos devastadores desse imaginário em jovens inexperientes. Nenhuma prática de satisfação erótica e sexual deveria ser usada como álibi para fugir do contato presencial entre humanos, mas, por vezes, é a única opção à mão.

Por fim, resta saber se aqueles que só se excitam diante de proibições verão na quebra do isolamento a forma ideal para obter prazer.

Façam suas apostas.

40. O jovem e a pornografia

O casal nu bate à porta da casa para avisar cordialmente a uma mãe que seu filho adolescente — fã dos vídeos pornográficos que eles estrelam — talvez esteja precisando de uma conversinha sobre sexo. O vídeo leve e engraçado acerta em cheio ao alertar adultos sobre um tema que insiste em ser ignorado ou mal administrado. Ele faz parte da campanha Keep It Real Online, lançada pelo governo da Nova Zelândia, que busca ajudar pais e educadores a protegerem crianças de crimes e exploração, mantendo-as seguras no ambiente on-line — um dos maiores desafios da nossa época. O tema da pornografia é só um dos assuntos tratados no site.

Roubar revista pornográfica dos mais velhos foi uma prática corriqueira das crianças nascidas antes do mundo virtual. Com a internet, a velha curiosidade recebeu novas respostas, mais rápidas, acessíveis e, digamos, tridimensionais e sonoras.

É conhecida a crítica de conservadores à prostituição e à pornografia, embora ninguém acredite que eles mesmos não sejam consumidores de ambas. Diferentes correntes feministas também polemizam sobre o tema, ainda que por razões distintas — uns consideram exploração e desprezo às mulheres, outros, um direito.

De minha parte, havendo consentimento e condições de escolha, o sexo entre adultos é uma possibilidade, remunerado ou não. Existe uma indústria pornográfica forte e bem gerida, com astros e estrelas, mas também existe um submundo de exploração e violência. É importante diferenciá-los.

O assunto muda de figura quando se trata de pensar o acesso que crianças e adolescentes têm a esse material. Abandoná-los à própria sorte diante das mídias é abrir mão da nossa função de proteger e educar.

Jovens inexperientes e curiosos têm acesso a imagens de corpos idealizados — fruto de muito anabolizante, treino, plásticas — com desempenhos atléticos, mecânicos e artificiais, relações impessoais que, muitas vezes, simulam atos violentos ou não consentidos, linguagem vulgar, mímica sexual estilizada. Em seguida, ele/a se olha no espelho, vê suas reais proporções — seios, pênis, músculos, altura — e encara uma pessoa comum, em fase de crescimento, que pouco controle e conhecimento tem sobre o próprio corpo e, menos ainda, sobre o corpo do/a parceiro/a. Deduz do que vê que o sexo não serve para pessoas como ele/ela, melhor nem tentar, ou ainda que para agradar parceiros/as deverá ser capaz de reproduzir aquela performance, e a medida dessa façanha serão os sons, caras e bocas que viu nos filmes.

Um dos efeitos é uma geração desinteressada no encontro sexual presencial candidata a distúrbios sexuais, desviando sua libido para o mundo virtual onde tudo parece possível, mas nada é exequível. Não podemos errar duas vezes: à falta de controle eficiente sobre o material a que terão acesso — erro garantido —, não podemos somar nossa omissão. Precisamos conversar sobre o assunto com nossos filhos, buscando transmitir algo menos moralista, mas realista.

O jovem e a pornografia

Quando começamos a falar com filhos sobre sexo? Existem os momentos nos quais você tem "A" conversa, mas eles só funcionam — e aqui vai a dica — se você estiver realmente disposto a ouvir a molecada. Ouça, mostre seu ponto, ouça mais. Mas para além desses momentos "oficiais", o fato é que o tema sexo é onipresente entre pais e filhos. Eles nos observavam e percebem nossas opiniões e expressões de carinho, agressividade, invasão ou pudor. Enfim, já passou da hora de conversarmos sobre isso.

41. Meninas são ensinadas a se deixarem abusar

O PROFUNDO MAL-ESTAR E ESTUPEFAÇÃO causados pelos crimes do pretenso médium João de Deus passam, entre outras coisas, pela ambiguidade das vítimas. Tema que retorna cada vez que uma mulher — ou criança — é abusada sexualmente e não tem a reação esperada pelo leigo.

Os estupros — cuja denúncia tardia o levaram à prisão — são a ponta do iceberg de uma vida cheia de suspeitas de assassinatos, torturas, formação de quadrilha e extorsão.

No relato das vítimas gravado na série *Em nome de Deus* (2020), cada uma, à sua maneira, se questiona — e se culpabiliza — por não ter conseguido fugir, denunciar ou sequer se lembrar do ocorrido durante anos.

Para Freud, o trauma é a combinação entre a intensidade do vivido e a impossibilidade de elaborá-lo. Trata-se menos do evento em si e mais das condições para que ele possa ser inteligível, narrável, reconhecível, socialmente compartilhável. O trauma acontece diante do total despreparo da vítima, que é pega de surpresa e congela sem ter condição de entender que o que ela está vivendo é diferente do que está imaginando. Prevalece o apagamento da memória, a sensação de irrealidade e dúvida daquilo que no fundo se sabe, mas não encontra meios de ser admitido para si mesmo.

Meninas são ensinadas a se deixarem abusar 141

Nesse sentido, o testemunho de Déborah Kalume, atriz e viúva do diretor Fábio Barreto, é exemplar. A última esperança na cura de Fábio — que se encontrava em coma —, o sofrimento atroz e a fé inabalável no criminoso a fizeram duvidar de seu próprio julgamento. Ela sai da consulta com o curandeiro sem saber o que de fato aconteceu, embora a descrição do estupro seja inequívoca. O recalcamento da cena faz parte do trauma.

À dúvida e à vergonha vêm se somar o medo — algumas vítimas teriam sido mortas ou sofreram atentados e intimidações, diz o documentário — e a completa impunidade do agressor durante décadas.

Meninas são educadas para serem bonitas, compreensivas, amáveis e cuidadoras. Sabe-se que estatisticamente os elogios às meninas se concentram em sua aparência e amabilidade, ficando a inteligência e a coragem reservadas aos meninos. Elas servem aos outros sob pretexto de que são naturalmente cuidadoras, como se o cuidar não fosse fruto de aprendizado.

O paternalismo que visa proteger as mulheres se baseia em subserviência e falta de autonomia delas diante dos seus protetores — e algozes —, que afirmam saber o que é melhor para elas. A modelo "recatada e do lar" passa longe da ideia de assertividade feminina, na qual o sujeito reconhece seu desejo, identifica o suposto desejo do outro, mas não se deixa alienar por ele.

Se uma mulher quiser romper com esse estereótipo, vai se deparar primeiro com uma alternativa de masculinidade beligerante que esconde sua própria fragilidade com o uso da violência. Não se trata, portanto, de educar filhos ao gosto da violência incutida na criação dos meninos, equívoco frequente de alguns discursos feministas. Mas de permitir que meninos e meninas digam não à influência maciça, à coerção e à sedução dos outros, ou seja, que passem da posição de objetos à de sujeitos.

Vir a público denunciar o estupro implica expor uma cena íntima e vexatória, ter sua integridade física ameaçada e ser mal interpretada moralmente. Na maioria dos casos, implica admitir ter sido capturada no desejo do outro a ponto de duvidar do próprio.

Mas não é para essa subserviência mesmo que temos criado as meninas?

Para quem duvida da conivência social que ampara essa lógica, em 2020 João de Deus cumpriu prisão domiciliar em função da pandemia.

Nós também, lembra uma das vítimas.

42. Quando nos descobrimos mulheres

Aos oito anos, minha filha teve o primeiro vislumbre de que o mundo era dos homens e, portanto, o que significava ter nascido menina. Não sei exatamente como essa ficha caiu, embora os exemplos dessa desigualdade de tratamento, expectativas e liberdades abundem à nossa volta desde sempre. Passou um ano se vestindo preferencialmente com roupas de garoto e na festa junina foi de caubói.

Ter nascido mulher era o primeiro furo na sua experiência de criança branca, de classe média alta. Caso fosse preta, pobre e periférica (os três "p" alvos de extermínio da polícia), seu choque seria infinitamente maior e as consequências, talvez, letais.

Mas ainda que pudesse ter sido muito pior, a descoberta não deixou de lhe trazer profundas marcas. Um dia me disse que não queria ter nascido menina, que meninos podiam tudo muito mais. Daí seguiu-se uma conversa sobre desafios, poder, feminilidade/masculinidade, coragem. Lembro que, não podendo desmenti-la, tive que pensar junto com ela que o desafio anima, forja, amadurece. Falava para mim mesma também, claro, criada para casar, ter filhos e não assustar o marido com estudos, carreira ou independência financeira.

Já faz algum tempo que psicanalistas — mulheres — denunciaram que a suposta "inveja do pênis" professada por

Freud estava mais para inveja do poder dos homens, materializado na mínima diferença de seus corpos. O que eles têm que eu não tenho? Bingo! Deve ser essa parte que, afinal, é capaz de oferecer tanto prazer a eles e às mulheres.

Para enfrentar o desafio com o qual toda mulher é confrontada, primeiro precisamos distinguir se estamos falando de uma cultura na qual meninas se casam compulsoriamente aos onze anos ou na qual podem votar, circular no espaço público, estudar, se divorciar, não ter filhos, abortar. Não conheço, no entanto, lugar em que a circulação no espaço público seja idêntica entre homens e mulheres.

A ideia de que uma mulher andando sozinha na rua de madrugada está pedindo para ser estuprada parece ser uma máxima mundial. Dentro de cada cultura, também cabe distinguir classe social, etnia, transgeneridade e orientação sexual.

Minha filha queria saber como obter aquele poder cuja atribuição lhe escapava, ao qual ela respondeu imitando a forma como meninos se vestiam. Mas a grande questão é se seguiremos imitando o modelo viril masculino ou se "dias mulheres virão" — como Zélia Duncan escreveu há algum tempo.

A luta por direitos iguais é inquestionável (e inclui considerar as diferenças reprodutivas), mas o modelo de poder é controverso.

O modelo viril que nos assombra e que se vale da arrogância, da opressão e da violência não deveria servir de base para o feminismo. Trocar de lugar com homens mantendo seu discurso machista é ignorar que não se trata de corpos, mas do discurso aos quais corpos estão submetidos. Disso

Quando nos descobrimos mulheres

decorre que existam homens mais feministas do que algumas mulheres, e negros mais racistas do que alguns brancos.

O lugar do feminino na psicanálise (que não se confunde com o da mulher) inclui aquilo que o machismo tenta abafar: o inconsciente, o não saber, o reconhecimento dos afetos, o erotismo, o sonho, a potência (no lugar da onipotência — fantasiada), a narratividade da experiência.

Nesse cabo de guerra, o lado que me interessa é o que solta a corda da disputa fálica e banca seu desejo singular perante homens e mulheres.

43. Caetanear o Natal

A CENA IDÍLICA DA FAMÍLIA CRISTÃ talvez só funcione por se tratar de um casal de jovens pobres com seu bebê recém-nascido, longe da família estendida e recebendo a visita pontual dos "tios" magos.

Mas a família que mais se assemelha com a que temos de fato é a dos deuses olímpicos com seus ataques de fúria, inveja, ciúmes, disputas, sem os superpoderes, claro. Mesmo aquelas nas quais o amor e o respeito imperam não estão livres de desentendimentos ou enfado.

Depois de um ano tentando sobreviver ao vírus, ao desgaste dos relacionamentos — por excesso ou falta de contato — e ao drama socioeconômico, enfrentamos um Natal insólito. O distanciamento recomendado tem gerado lamento de uns e alívio para outros. Álibi perfeito para os que não desejavam se encontrar por manterem relações burocráticas, sem sentido ou francamente violentas, escancara-se o fato de que o que chamamos de celebração é, muitas vezes, uma obrigação (in)suportável.

Os que lamentam não estarem juntos dos parentes devem comemorar justamente o fato de sentirem sua falta.

A família, esse poço de contradições da qual somos todos tributários, começa com um gesto amoroso de um casal. A partir desse encontro se entrelaçam sujeitos que não pediram para se conhecer, como cunhados, sogros e tiozinhos do pavê.

A descendência gerada, cuja afinidade não está garantida, também costuma parecer um balaio de gatos.

Curva de rio de relações baseadas em circunstâncias externas ao desejo e ao interesse de cada um, trata-se do meio no qual aprendemos a amar e sermos amados.

A família de origem continua sendo esse lugar no qual supomos encontrar as respostas para o enigma de quem somos. Mas a razão da nossa existência é algo que os pais sabem tão pouco quanto nós.

Temos filhos por motivos alheios a quem eles são e tão inconscientes que nem vale a pena perguntar. Mas vale sim — e isso é crucial — nomear as fantasias que criamos para preencher essa falta estrutural de respostas. As fantasias inconscientes dirigem nossa vida sem que admitamos, nos adoecem e são o que uma análise busca elucidar. Freud o descobre e Lacan o detalha no seminário de 1966-1967, "A lógica do fantasma".

Por vezes, a palavra amor numa família vem associada a gestos de violência e desrespeito. Se não houver outras referências que permitam questionar esse sentido, a prole estará condenada a dividir-se entre vítimas e algozes. As famílias alternativas que inventamos ao longo da vida são imprescindíveis para romper o ciclo da violência geracional, comum nesses casos.

A qualidade do arranjo familiar se baseia na aceitação das diferenças profundas que o compõem e na inibição sistemática de suas violências. Uma característica das famílias bem-sucedidas no exercício de se suportarem — aguentarem e amarem — é sua abertura para o mundo à sua volta. Em vez de se fazerem de bunker do qual saem armas apontando para todos os lados, permitem que os de fora usufruam dos afetos que dela transbordam e são arejadas pelos que lhes são estranhos.

Fomos testemunhas dessa dimensão porosa da família na *live* de Caetano Veloso no final de 2020, na qual se entrelaçaram arte e relações fraternas e familiares. Show que nos encheu de ternura, de alegria por estarmos vivos e de gratidão por falarmos a mesma língua do artista. Deleitando-se com sua falibilidade pela graça de reconhecer-se humano, Caetano renovou nossos votos nas famílias que valem a pena serem cultivadas.

44. Falsa simetria entre fetos e mulheres

COUBE ÀS MULHERES O LADO mais duro da partilha reprodutiva — aquele que compromete seu corpo e sua vida. Como evitar, como interromper, como parir e amamentar foram práticas transmitidas de mães para filhas ao longo da história da humanidade, o que lhes rendeu um conhecimento inestimável. Interrupções da gravidez nunca foram fáceis ou agradáveis, pois se trata de procedimento perigoso que acompanha a sexualidade humana — que sempre foi muito mais do que reprodução.

A partir do Renascimento e da crise demográfica na Europa e nas colônias, a obsessão pelo controle da sexualidade e da gestação passou a pautar a relação com as mulheres. O vasto conhecimento feminino sobre o controle de natalidade e das manobras de parto, que antecede esse período, foi considerado bruxaria e as bruxas, como sabemos, foram perseguidas, torturadas e queimadas em nome de Jesus.

Calibã e a bruxa (2017) e *O ponto zero da revolução* (2019) de Silvia Federici são leituras básicas para começarmos essa conversa. Sem esse apanhado histórico, ignoramos que o que chamamos de conquista feminina e "progresso" da sociedade tem mais cara de reconquista de espaços duramente perdidos. Foi à base de muita violência e séculos de doutrinação que as mulheres passaram a se identificar com seu lugar de "belas, recatadas e do lar" submetidas à proteção masculina de pais, maridos e chefes. Está aí o feminicídio para escancarar o preço dessa proteção.

Quanto às mulheres que não acham que temos o direito de decidir se levaremos uma gestação adiante ou não, pois fetos serão mortos, alerto que esse raciocínio elimina convenientemente o número alarmante de mulheres que morrem tentando interromper uma gestação indesejada — pobres e negras em sua imensa maioria. Nós, brancas e ricas, continuamos a fazê-lo com toda segurança. Eu fiz.

Quem argumenta que teríamos que investir mais em prevenção está certo, desde que não ignore que ela jamais será total, salvo se fizermos vasectomias e laqueaduras em toda a população sexualmente ativa. Prevenção e direito de escolha é o que comemoramos nas conquistas argentina e sul--coreana, não a morte de embriões e fetos.

Para mim, que estudo e prezo a maternidade/paternidade, considero alarmante confundi-la com uma gestação socialmente imposta pelo fato biológico. Fetos não são crianças. Caso o fossem, não haveria cemitérios suficientes para enterrarmos os incontáveis abortos de início de gestação que as mulheres sofrem espontaneamente.

Além disso, as estatísticas estão do nosso lado, revelando que o direito de escolher diminui o número de abortos — clandestinidade nunca foi boa conselheira — e, o mais importante, o número de mortes de mulheres. Sugiro as inúmeras publicações da doutora Débora Diniz, entre outros, com estudos estatísticos para comprová-lo. Para aqueles que argumentam que minha mãe deveria ter me abortado — um clássico, sempre que toco no assunto —, respondo de antemão que não

Falsa simetria entre fetos e mulheres

tenho a menor dúvida de que ela deveria ter podido fazê-lo, caso desejasse. Para as mulheres que acreditam que fetos são pessoas de pleno direito sugiro que não abortem. No entanto, não lhes cabe decidir pelas demais. Para os homens que são veementemente contra o aborto, sugiro a vasectomia — uma vez que não se deram ao trabalho de pesquisar a pílula masculina, e camisinha é uma furada.

45. Militância e violência

PARA FREUD OS TERMOS manifesto/latente são uma dobradinha de ouro para pensarmos o abismo entre o que professamos em público e nossos deslizes inconscientes. A graça é que embora ocultemos o latente de nós mesmos, muitas vezes, ele fica claramente perceptível para os demais. Eliminemos da conversa quem, por má-fé, mente deliberadamente e veremos que ainda sobram os donos da verdade, cujos discursos são tão eloquentes quanto o tamanho do seu autoengano. Se, como dizia Freud, a consciência é a ponta do iceberg, eles nada querem saber da base da montanha.

Resta ao inconsciente se manifestar de forma insidiosa e incontrolável. Quem enche a boca para se vangloriar da sua consistência e autocontrole só pode receber da psicanálise um sonoro bocejo.

A indignação que os militantes causaram no Big Brother Brasil 2021, ao se mostrarem tanto ou mais preconceituosos quanto os demais mortais, carece de reflexão. Caso contrário, repetiremos com eles a roleta do cancelamento, só modificando os personagens.

A militância age em bloco e costuma atropelar a voz de cada um em nome de um bem comum. Um "bem comum" que não tenha espaço de escuta para cada um interessa muito pouco à psicanálise. A ideia de "tudo e todos" nunca foi boa

Militância e violência

conselheira. Basta citar o lema da extrema direita "Brasil acima de tudo, Deus acima de todos". Ateus e estrangeiros não são bem-vindos nessa terra abençoada. O dispositivo segregacionista — descrito como lógica dos muros dos condomínios por Christian Dunker em *Mal-estar, sofrimento e sintoma* (2015) — se reproduz tanto quanto a covid-19.

Há pouco tempo caí na besteira de comentar a virulência com que uma página no Instagram tratava um sujeito negro que tinha feito uma piada racista e pedia desculpas. Achei inaceitáveis os termos, a intensidade e protestei com uma singela frase de desacordo. A metralhadora mudou de alvo rapidamente e eu passei a ser acusada das piores baixezas, por quem nunca havia trocado uma palavra comigo até então. Não havia nenhuma intenção de diálogo no horizonte, apenas uma acusação sem fim, que não visava outra coisa que o prazer de se fazer dono da verdade. Mas a verdade para a psicanálise é aquilo que escapa nas entrelinhas, na atuação, no sonho, no lapso, caminhos pelos quais se vislumbra o latente. Que delícia acreditar que temos toda essa consistência e certeza ou, ainda, que podemos seguir alguém que a tenha! E de onde vem tanta virulência, se não da ameaça de nos depararmos com o que não sabemos de nós?

Ao sofrermos violências corremos grande risco de nos identificarmos com o agressor, esperando o momento oportuno para inverter a posição com o primeiro que pisar na bola.

O Brasil acompanhou agoniado o ator Lucas Penteado sendo humilhado durante o Big Brother Brasil. A torcida foi para que ele superasse o terror psicológico, em uma situação que por si só é psiquicamente insalubre. A primeira solução eficiente que ele deu foi um bálsamo para quem torcia pelo jovem: ele apostou em Eros para enfrentar tanta violência. Estava lá o beijo para nos lembrar que podemos fazer coisas melhores com nossas pulsões. Não sucumbir à violência e ultrapassar o muro da intolerância com um beijo! Ah, mas aí já era demais, a casa caiu!

P.S.: Em tempo, sobre a polêmica da bissexualidade, vale lembrar que Freud em "Três ensaios sobre a teoria da sexualidade" (1905) já postulava que a sexualidade humana é basicamente bissexual.

46. O amor cobra sua fatura

CANTADO EM VERSO E PROSA, o amor entre humanos, quando correspondido, é das maiores fontes de satisfação que se tem notícia. Seja fugaz ou duradouro, paixão ou amor, com ou sem sexo, trata-se de uma experiência da qual ninguém sai ileso.

Não é de se estranhar que no auge do encontro amoroso a realidade da morte se apresente da forma mais cristalina para os amantes. O orgasmo, também chamado de *petit mort*, revela como o máximo do prazer flerta com o fim — o apagamento da consciência.

A jura de amor tem sempre algo de despedida, pois cada segundo no qual se desfruta da presença do outro é um segundo a menos do tempo que resta. O desejo se renova na exata medida do temor de perder o amado.

Nos casais, o amor é o que pode sobrar quando acaba o chantili da paixão. Por vezes, o amor erótico muda o destino de uma amizade transformando, de repente, o que era casto e fraterno em sexo e espanto, que pode ser seguido de arrependimento ou gostinho de quero mais. O amor ao qual me referi até aqui é herdeiro do ideário romântico que nasce com o homem moderno.

Mas o amor é bem menos circunscrito a um período histórico, sendo a base das relações humanas. Basta citar o amor fraterno, o amor filial, o amor espiritual, cada um com seu grau de apaixonamento próprio, ainda que apartados do intercurso sexual.

Os rituais fúnebres da pré-história humana revelam formas de honrar e lamentar a perda de pessoas queridas e são os primeiros indícios da capacidade humana de simbolizar a morte e o amor, na forma de lamento por sua perda.

O amor transferencial proposto por Freud no dispositivo psicanalítico, por sua vez, trata de um desencontro previsto e que não pode prescindir de um bom e ético manejo. O paciente ama no analista algo que ele mesmo — paciente — deposita lá. O analista sustenta esse equívoco sem se permitir a impostura de acreditar que o amor que o paciente lhe transfere diga respeito aos encantos do analista. Como o próprio nome diz, é afeto transferido de outrem e cabe ao analista abster-se de corresponder-lhe.

Nada impede que reconheçamos no trabalho e na pessoa do analista seu valor, e que o amor decorrente da gratidão e da admiração surjam ao longo do tratamento. Mas se trata de afeto que não pode ser confundido com o que o paciente deposita de excesso na relação.

Josef Breuer, parceiro de Freud na pré-história da psicanálise, escorregou na casca da banana deixada por Anna O., a musa da histeria e paciente fundadora do dispositivo analítico. Acreditou que o amor da jovem paciente por ele fosse devido a seus irresistíveis dotes de senhor barbudo. Freud, de sua parte, foi impecável no quesito abstinência. Lacan foi bem mais questionável como podemos ler no delicioso *A vida com Lacan* (2017) da psicanalista Catherine Millot — paciente e amante do analista francês.

O amor cobra sua fatura 157

O amor romântico foi criado e assim poderá desaparecer, como seu declínio vem apontando. Não vejo grandes problemas nisso, inventam-se outras formas.

Não se pode dizer a mesma coisa do amor fraterno, cujo declínio aponta para o fim da civilização. De fato, de todos os amores, do que mais carecemos hoje é deste último.

Nem políticos, nem soldados, nem cientistas... os heróis do nosso tempo são as pessoas ainda capazes de amar o outro, o desconhecido, o anônimo. O resto é o horror da indiferença. O resto é contar pessoas como se fossem números.

47. Feito tatuagem

Eu tenho um hábito bobo de enviar para minhas filhas pequenos vídeos de bebês fazendo coisas fofas, bem comuns nos aplicativos disponíveis hoje. Elas me mandam outros tantos e assim imaginamos o sorriso umas das outras ao recebê-los. Um me chamou a atenção: a garotinha de uns três anos enchia a mochila, enquanto avisava a mãe que iria visitar a avó sozinha. A mãe, se fazendo de abandonada, respondeu que choraria. A criança, com um sorriso delicioso, diz sem hesitar: pode chorar!

Que uma criança afirme preferir estar longe da mãe/pai — e que a mãe/pai possam sentir prazer com isso — soa adorável para quem, como eu, despreza convivência compulsória.

Daí a graça da criança que não tem dó de deixar a mãe sofrendo com sua ausência porque preferiu ficar com a avó, e a graça da mãe que não se sente tão preterida assim, o que sua sonora gargalhada demonstra.

O superinvestimento dos pais nos filhos, que se inicia com a modernidade e vive o paroxismo na atual geração, se revela cada vez mais problemático para que os jovens encontrem formas de se separar deles. Diante de adultos frágeis, alguns escapam ao dilema evitando se perguntar sobre o próprio desejo. É como se a criança, intuindo a fragilidade da mãe

Feito tatuagem

diante de seu desejo, nem conseguisse formulá-lo para si, que dirá expressá-lo na brincadeira.

Um dos paradoxos da separação é que seu processo se dá em referência ao outro de quem tentamos nos separar. Ou seja, tentamos contrariá-lo para dizer que não somos como ele, mas, ao fazê-lo, provamos estar ligadíssimos ao que ele quer de nós. Algo como o adolescente que gasta um tempo enorme contrariando os pais, em vez de formular algo verdadeiramente próprio. Muitos pais se exasperam na tentativa de convencê-lo, em vez de sustentar a diferença.

Eu fiz um combinado com minhas filhas de que elas só poderiam fazer tatuagem ou outras modificações permanentes no corpo a partir dos dezoito anos. Proibições do uso do próprio corpo são fundamentais, pois a educação se baseia justamente em ensinar onde, como, quando e o que se pode fazer com o nosso corpo e o do outro em cada sociedade. Passamos anos ensinando a não colocar o dedo no nariz e nos genitais em público, comer de boca fechada, sentar à mesa, vestir-se adequadamente para cada ocasião, tomar banho, escovar dentes etc... Mas a violência civilizatória e necessária só cumprirá sua medida correta na condição de os adultos se retirarem no momento oportuno. Piera Aulagnier, em *A violência da interpretação* (1979), resume assim: "A criança não pode, a não ser ao preço de sua vida, recusar-se a comer, dormir e defecar por muito tempo; mas ela pode tentar preservar um espaço solitário e autônomo, onde possa pensar o que a mãe não sabe ou não gostaria que ela pensasse".

Eis que minha filha faz uma tatuagem, apenas uma linha, nada demais. Uma linha preta que sai da ponta do seu queixo e desce até osso esterno, dividindo seu corpo ao meio.

De todos os arabescos, animais imaginários, símbolos do zodíaco, frases lacradoras e nomes de amores que ela poderia ter tatuado — que provavelmente teriam me desagradado de qualquer forma —, foi essa linha que me impactou.

Dali, como mãe, eu nunca mais poderia ultrapassar, nem com o olhar.

Tatuagens não dizem nada sobre quem as faz — da aventureira à dona de casa, passando pelo presidiário e o pastor evangélico quase todo mundo tem uma, depois que a moda pegou. Mas que cada um possa dizer algo com a sua tatuagem é outra coisa.

A da minha filha me diz: "pode chorar!".

48. Sexo, swing e tédio

A MULHER DOS ANOS 1950 confessava no divã um desejo bem diferente daquele que podia realizar nos casamentos da época — ou mesmo fora deles. A monogamia, com suas obrigações maritais — leia-se sexo compulsório —, pesava como spray brochante, fomentando frigidez e fantasias impronunciáveis. Digo mulheres, pois, embora o desejo homoerótico dos homens fosse proibido, não dá para comparar a liberdade de cada gênero.

Para Foucault, o sujeito reprimido do século XIX escrutinava o sexo em nome da ciência e da religião, revelando a obsessão em tudo dizer sobre o mesmo. Se o sexo é interditado, resta saber como, quando e com quem, nos mínimos detalhes. Como a mão, o olho, a boca, o pênis, a vagina, o ânus podem ou não comparecer na relação tornou-se assunto tanto de tratados científicos, quanto de encíclicas papais.

Em 1905, Freud defendia, para escândalo da galera, que a sexualidade humana não cabe em nenhum manual, portanto, normal é uma palavra que não orna com sexo. Cada um que assuma a "dor e a delícia de ser o que é", como diz Caetano, o mais analisado de nossos poetas. Mas também é verdade que o inventor da psicanálise contribuiu para legitimar a heteronormatividade na leitura do mito de Édipo. Moral da história: ninguém é perfeito e amamos odiar/amar Freud.

Passadas algumas décadas, muitas lutas feministas e redes virtuais depois, os segredos de alcova ganharam o espaço público, num grande movimento de desnaturalização e ultraexposição do que pode e do que não pode no reino do ingovernável.

[É sempre bom lembrar que a regra pétrea da sexualidade é que nenhuma forma de abuso e exploração do outro é aceitável, sob nenhuma circunstância. O resto é festa.]

Daí o boom das casas de swing, a explicitação das trocas de casais, do poliamor, das relações não monogâmicas e a realização dos fetiches, agora ao alcance de um zap.

A pergunta que passa a ser feita no divã se modifica. Diante do imperativo de gozar, resta saber como usufruir da "liberdade" alcançada.

Na esteira das novas experimentações — por vezes inspiradoras, por vezes desastrosas — alguns se perguntam se estão perdendo alguma coisa e se deveriam experimentar também. Do possível para o obrigatório é só um pulinho, eliminando o caráter libertador. Cria-se o curioso paradoxo: diga-me como gozar... para que eu me sinta livre!

Como sugere a socióloga e antropóloga Marília Moschkovich, é importante marcar a diferença entre monogamia — como cada um decide o tipo de relação que quer estabelecer com o outro — e Monogamia. Ela reserva a palavra com "M" maiúsculo para se referir à estrutura social que normatiza a relação de "exclusividade afetiva/sexual". Daí pouco importa como, quanto e com quem você se deita, desde que essa escolha não responda aos imperativos sociais capitalistas, mas ao desejo singular do sujeito.

Sexo, swing e tédio

A resposta da nova geração tem sido um grande bocejo de tédio diante do modelo de sexo "liberal". Diferentemente dos mais velhos, que ainda insistem em fazer dos jogos sexuais o suprassumo da liberdade, o jovem parece mais inclinado a experimentar o sexo em outras bases, menos glamourizadas. Parafraseando Nelson Rodrigues: sem pudores, pouco afrodisíaco. Nada contra, cada geração encerra uma solução própria e provisória para as questões da morte, do sexo, do amor...

Acossados pela morte, invoquemos Eros em todas as formas que abalam as estruturas e não as que servem aos imperativos do neoliberalismo e do consumo.

49. Cringe mania

A RECENTE COMOÇÃO COM A PALAVRA cringe levanta o tema do envelhecimento e não dá para ignorar o espanto causado pelo pequeno intervalo de tempo entre quem está sendo zoado e quem zoa. Quando a geração Z (nascidos entre 1995/2010) passa a ridicularizar os millennials (nascidos entre 1980/1994), ela transforma pessoas na casa dos vinte anos em ex-jovens, dando margem a deliciosos memes e piadas. É claro que o maior prazer vem das gerações anteriores a 1980, que se sentem vingadas.

É comum as pessoas se sentirem ameaçadas pela forma como as novas gerações passam a desprezá-las. Envelhecimento é uma carta que só chega ao seu destino tarde demais e nem todo mundo abre. Por isso, a famosa crise dos trinta anos dá lugar à dos quarenta, cinquenta e assim sucessivamente. Se você puxar pela memória, no entanto, verá que mesmo crianças lamentam o fim da infância.

A forma como perseguimos uma certa imagem de nós mesmos acaba por impedir que nos movimentemos sem constrangimento. Afinal, queremos corresponder à consistência de uma foto, com seus retoques e melhores ângulos. Abriu a boca, se mexeu e o risco de passar vergonha e ser ridicularizado passa a valer. Podemos simplesmente nos constranger e rir ou — como habitual — brincar de constranger os outros

Cringe mania 165

para nos safar. As disputas aqui são muitas e encontram as mais diferentes artimanhas. A youtuber ContraPoints, em vídeo longo e ultradidático, faz questão de fazer uma análise "psicanalítica" da palavra, embora faça uso de vasta terminologia psicológica — tem até colinha no final.

O vexame que alguns adultos dão sem perceber, quando se põem a disputar lugares com os mais jovens, vai do risível ao tétrico. E revela a forma como não são capazes de suportar o lugar de rebotalho, como Lacan chamava o lugar do analista. A disputa por prestígio dá margem a mais críticas, cara de enfado e olhos revirados, criando um ciclo patético. Insisto que o rir de si é, disparado, o melhor remédio.

Como diz o ditado popular "quem desdenha quer comprar", ou seja, algo naquele que desprezo me interessa. Pode ser de uma forma sádica ou empática, mas, certamente, não indiferente.

Se juntarmos as duas questões veremos que nunca foi tão difícil assumir a passagem do tempo em uma cultura na qual as redes sociais funcionam como retratos de Dorian Gray. Lá estamos sempre lindos, congelados no tempo, ainda que à base de muito Photoshop. Mas quando saímos para encontrar o bofe ao vivo e em cores, o que deveria ser retrato revela-se assustadoramente real. Essa é uma das hipóteses que justificaria o desinteresse dos mais jovens pelos encontros sexuais, mesmo antes da pandemia.

O tema é curioso, ainda mais quando sabemos que a partir de 2022 a velhice será considerada doença pela Organização Mundial da Saúde — o gene que a desencadeia vem sendo pesquisado obstinadamente por cientistas de Harvard. Se a velhice for doença, poderá ser erradicada, tornando a imortalidade o novo produto na prateleira capitalista, que os despossuídos jamais alcançarão.

Se serve de consolo, a imagem de Elon Musk levando milionários imortais para viver nos subterrâneos de Marte faz o inferno de Dante Alighieri parecer a Disneylândia.

Sugiro sairmos com graça e dignidade, quando nossa vez chegar.

50. Vale a pena defender a família?

É PARA ELA QUE VOLTAMOS quando as coisas vão mal, é com ela que nos ressentimos quando não podemos voltar. A família é nossa encrenca fundante, sobre a qual nos queixamos em divãs, livros, filmes..., enfim, não há produção humana que não tenha nela algum lastro, seja pelo bem, seja pelo mal que causou. Para a psicanálise a família é o núcleo duro irredutível para nos constituirmos subjetivamente.

Foi-se o tempo no qual ela era confundida com papai, mamãe e filhinho. Desde Lacan, o Édipo deixou de ser o mito heteronormativo que convinha à sociedade vitoriana e se tornou uma estrutura vazia, cujos elementos podem variar, desde que suas funções sejam mantidas. Funções aqui tampouco dizem respeito a quem leva ao médico ou coloca para dormir, mas aquelas fundamentais para que um novo sujeito encontre sua posição ética no mundo. Para resumir: papai-papai, mamãe-mamãe, pai e mãe solteiros e cuidadores estão valendo.

Em "Nota sobre a criança" (1969), endereçado a Jenny Aubry, Lacan lembra que a família conjugal resistiu à evolução das sociedades. Não considero que se trate de "evolução", mas as transformações sociais nunca prescindem daqueles que se ocupam das novas gerações. "Todo mundo foi criança", dirá lindamente Arnaldo Antunes e todas as crianças precisam de responsáveis moral e afetivamente implicados, dirá a psicanálise.

Famílias são também estruturas de poder e manutenção de privilégios, e bulir com o modelo vigente num dado momento histórico é colocar a mão em cumbuca. Em nossa época a família se divide entre a miragem e o palpável. A miragem conhecemos: um casal cis e heterossexual branco de classe média alta cria um casal de filhos, cis e heterossexuais. O pai provê financeiramente e "ajuda" em casa, a mãe trabalha fora, mas é a responsável pelos filhos e pelo funcionamento doméstico. Na vida real, no entanto, somos criados por avós, mães solo, em instituições, e toda combinação conjugal possível de gêneros e orientações sexuais. Presos à miragem que não corresponde à experiência, a família vive a negação de si mesma, envergonhada de sua condição real, em falta com o modelo mais afeito aos anos 1950.

"Cidadãos de bem" são tão ciosos dessa imagem que a defendem a pauladas. Se juntarmos a violência contra a mulher, os feminicídios, o abuso — sexual ou não — de crianças e a negligência aos idosos teremos números astronômicos. A família que a extrema direita diz defender é uma das causas de tanto sofrimento.

Em *O fim de Eddy*, Édouard Louis (2018) conta sua trajetória de criança nascida com "ares" efeminados em um vilarejo ao norte da França. Cidade pobre, cuja economia gira em torno da fábrica, para a qual todos os homens jovens se dirigem ao final da curta vida escolar. As meninas, por sua vez, engravidam no mesmo período que saem da escola, compondo famílias formadas por sujeitos massacrados pelas condições sociais, frustrados em seus sonhos. Nesse cenário tão conhe-

Vale a pena defender a família?

cido, a masculinidade é confundida com a violência e o estoicismo diante das brutais condições de trabalho.

No retrato cruel e brilhante que Louis faz de sua infância, a denúncia da violência social e da familiar se misturam. Mas não nos enganemos, a violência familiar atravessa todos os níveis sociais.

A única defesa da família que faz algum sentido é aquela na qual lhe são oferecidas condições materiais de sua existência — políticas públicas — e respeito absoluto à sua diversidade. Caso contrário, é só a reprodução do pior.

51. Amor virtual ou presencial?

Eles já se relacionavam pela internet havia algum tempo e a conversa estava ficando cada vez mais animada. Eis que chega o dia de se encontrarem pessoalmente, com os dois devidamente vacinados e testados. Hora de colocar o guarda-roupa abaixo, depois de mais de um ano sendo liberais na comida e negacionistas no exercício físico e descobrir que não há roupa bacana que ainda sirva. As peças íntimas são pré-pandêmicas e as roupas novas, compradas pela internet, não passam de pijamas sociais.

Fica a dúvida: eles dobram a aposta e arriscam se encontrar ou permanecem no filtro da virtualidade?

O abismo entre a imagem que ansiamos ter — plana e re-tocada — e a dura realidade de nossa forma, textura, cheiro, som e sabor é a causa do frisson do primeiro encontro, mas, também, o motivo de o evitarmos.

Um exemplo radical e comovente dessa vacilação foi rela-tado por Vicky Schaubert, repórter da rádio e televisão no-rueguesa NRK. Ela conta a história de Mats Steen, que nasceu em Oslo e foi diagnosticado com distrofia muscular de Du-chenne que leva à atrofia muscular e expectativa de vida em torno de vinte anos. A questão é que, quando Mats morreu, aos 25, a família descobriu que as intermináveis horas que o jovem dedicava a jogos interativos permitiram que ele criasse

Amor virtual ou presencial?

belas amizades e tivesse três "casamentos" — um por cinco anos. Seu enterro foi acompanhado por pessoas que vieram de outros países, inconsoláveis com a perda do amigo, o qual nunca souberam doente. Vale ouvir os relatos dessas pessoas, antes de arriscar entrar no mérito da validade dessas relações.

Temos também a aposta na direção inversa à de Mats. Portador de esclerose lateral amiotrófica (ELA), Stephen Hawking impôs-se ao público com sua genialidade, casando-se duas vezes. Mas não precisa ser gênio para que os "fora de padrão" esperado exijam seu devido lugar ao sol. O documentário espanhol *Yes, We Fuck!* (2015), dos diretores Antonio Centeno e Raul de la Morena, dá voz a sujeitos cujos corpos são considerados fora do jogo amoroso e sexual. Fica claro que preconceito é algo que precisa ser encarado tanto por quem se arvora "normal", quanto por quem é tido como deficiente.

O mundo pós-internet não criou a capitulação diante do encontro amoroso, mas permitiu que ele alcançasse formas estratosféricas.

Lembremos da peça *Cyrano de Bergerac*, que se passa no século XVII, cujas versões se multiplicaram desde seu lançamento em 1897. Diante do medo de ser rejeitado pela bela Roxane, Cyrano, cuja feiura foi cantada em verso por Edmond Rostand, prefere emprestar sua poesia ao belo Cristiano, furtando-se ao encontro com a amada. Perde a chance de viver o amor que Roxane revelou-se capaz de oferecer, quando a farsa é escancarada.

Nossa dificuldade em abrirmos mão da imagem ideal nos faz preferir a distância segura da virtualidade a arriscar as decepções inerentes ao encontro. Os jovens são os mais atingidos por essa hesitação, porque vivem bruscas mudanças físicas, insegurança sexual e busca por aprovação social.

Relacionamentos amorosos são feitos de silêncios, constrangimentos e mal-entendidos, não há como erradicar o desencontro humano. Acreditamos ser capazes de saber o que em nós capturaria a aprovação e o amor alheio, mas Freud já demonstrou que o que nos enlaça ou afasta do outro é de caráter inconsciente, fora do nosso controle.

É disso que buscamos, em vão, fugir, deixando Roxanes inconsoláveis.

52. Podemos tirar nossos filhos das redes?

GEROU COMOÇÃO A NOTÍCIA de uma mãe que cancelou o perfil da filha de catorze anos nas redes sociais, que contava com quase 2 milhões de seguidores. Alegando que a superexposição não acrescentava nada à vida da filha, que distorcia a percepção de si mesma e de suas relações sociais, levantou a questão que não quer calar. Quais são as prerrogativas de pais e responsáveis em plena revolução virtual? Temos o direito de tirar os pequenos da festa?

Pela primeira vez, desde o surgimento do que Philippe Airès chamou de sentimento de infância (por volta do século XVII), as crianças voltam a ter acesso irrestrito ao mundo, sem a mediação dos adultos. Acrescentemos a isso a possibilidade inédita de expor-se a milhões de estranhos, e chegaremos mais perto da ideia de infância no século XXI.

As demandas contemporâneas por produtividade não ornam com o tempo gasto cuidando de filhos. Busca-se desesperadamente formas de se desincumbir das crianças para que sejamos produtivos. Partimos da ideia imoral de que investir na infância não dá retorno financeiro. O ganhador do Nobel de Economia James J. Heckman já passou a régua nessa conta há algumas décadas, provando que vale sim. É claro que se trata da riqueza voltada ao bem comum, o que talvez explique a dificuldade de sensibilizar para a questão.

As redes sociais foram criadas com a estrita finalidade de fazer seus usuários consumirem, enquanto os entretêm, viciando-os. Elas também se prestam à função de babás numa sociedade cujo estilo de vida é inconciliável com a parentalidade.

Temos o caso dos engenheiros do Vale do Silício, responsáveis pelo desenvolvimento dessas tecnologias, que não permitem que seus filhos tenham acesso a elas antes de catorze-quinze anos. Alegam que o sucesso no século XXI dependerá de habilidades que se adquire em escolas do estilo Waldorf.

Alguns recursos trazidos por essas tecnologias, no entanto, não nos permitem demonizá-las. Movimentos da sociedade civil pelos direitos humanos, visibilização de sujeitos e comunidades segregadas, democratização do acesso à informação são algumas das qualidades inegáveis dessa invenção, caminho sem volta para a humanidade. A questão do mundo virtual é que sua enorme potência pode ser usada em qualquer direção.

Não há pai, mãe ou cuidador que não manifeste preocupação com o excessivo uso das telas pelas crianças e se pergunte sobre como intervir. Mas Freud provou haver um abismo entre o que o sujeito manifesta e as motivações inconscientes que o movem. Nesse sentido, a experiência clínica mostra que o "como fazer", que os adultos tanto perguntam, é irrelevante diante da convicção e do desejo de fazê-lo.

Pais e educadores conseguirão exercer sua função diante das mídias, se e quando eles mesmos estiverem menos desbundados e viciados nelas. Se e quando estiverem de fato convencidos dos riscos. A partir daí poderão se unir a inúmeras instituições sérias que vêm acumulando informação sobre

Podemos tirar nossos filhos das redes?

malefícios e possibilidades do uso da internet na infância. Existem estudos feitos pela Organização Mundial da Saúde, pela Sociedade Brasileira de Pediatria, pela Unesco, pela Universidade de São Paulo, pela Educamídia, entre outros, que apontam os problemas e orientam melhores práticas.

Se fizermos um paralelo — um tanto forçado — entre a criação da internet e o domínio do fogo, diria que estamos deixando nossas crianças brincarem com o que não deviam.

53. Djamila veste Prada

DJAMILA RIBEIRO CAUSOU REBULIÇO ao desfilar para uma campanha da Prada ostentando bolsa de 16 mil reais. A discussão que se seguiu ao lançamento do produto é pertinente, pois feminismo antirracista e capitalismo são inconciliáveis. O capitalismo não sobrevive sem a exploração de sujeitos vulnerabilizados e o racismo e a misoginia lhe servem de base. Quem luta contra essas injustiças, luta contra o capitalismo e sua versão mais nefasta, neoliberal.

Uma sociedade mais justa depende da criação de novas formas de convívio social para além do modelo atual, cujo colapso pode ser testemunhado pelas sucessivas crises, cada vez mais catastróficas. Trata-se de almejar o ineditismo e não da reprodução dos fracassos anteriores. Mas, enquanto debatemos e sonhamos com novas formas — como os republicanos sonharam com saídas para o poder monárquico —, estamos sobrevivendo no lamaçal de desigualdades e de violências que bem conhecemos.

Como sustentar a militância feminista e antirracista, com sua necessária articulação anticapitalista, no gesto da filósofa militante? Primeiro, imagino já termos superado o falso dilema do "socialista de iPhone". Ficou conhecida assim a discussão de quem pensa que sonhar com uma sociedade menos injusta significa socializar a pobreza e correr para

Djamila veste Prada 177

debaixo da ponte — que está lotada, por sinal. Pelo contrário, trata-se de reconhecer que todos temos direito a uma vida digna e que uma cultura que prioriza a extravagância das viagens espaciais em detrimento de questões de sobrevivência mundial coloca suas fichas na própria extinção.

Mas a engrenagem na qual chafurdamos não nos permite grandes bravatas em nome do purismo. Se escrevo num jornal, que é uma empresa gigantesca, se divulgo um livro (editado por outra empresa), se apareço em diferentes mídias (conglomerados de proporções mundiais), estou ciente de divulgar esses produtos. Ainda assim, tenho a pretensão de estar nesses lugares disputando espaço com a tosquice para confrontá-la. Foi-se o tempo da tão sonhada sociedade alternativa, nos resta encarar alternativas na sociedade.

Djamila, intelectual cuja atuação notória lhe rendeu o título de uma das pessoas mais influentes da atualidade, se atreveu a aceitar o convite para ser garota propaganda de um ícone do luxo. Ela ficou no olho do furacão desse mercado para privilegiados, cuja única razão de existir é a de conjugar produtos e serviços a preços exorbitantes com a finalidade de marcar o lugar social de quem os possui — motor indelével do consumismo capitalista. Compra-se o produto de marca tal, menos por sua qualidade intrínseca, do que por indicar a condição social diferenciada, garantindo a separação entre o proprietário e os demais mortais.

Existem muitas mulheres negras que podem comprar artigos de luxo, mas em geral são estrangeiras, atletas renomadas, top models, artistas de sucesso. São exceções toleradas pela branquitude. Só que Djamila é uma mulher negra, brasileira e intelectual, três lugares que juntos tornam proibitivo esse tipo de associação. Djamila veste Prada e assombra a branquitude e o ativismo por sua liberdade de frustrar expectativas, cutucar moralismos e produzir reflexão. Não se trata de incensar o luxo, pois o sonho das mulheres não é de bolsas, mas da circulação desimpedida em espaços que lhes são normalmente interditados. Djamila vai aonde supostamente não poderia ir porque ela assim o deseja, e isso interessa às mulheres e, mais ainda, às mulheres negras.

54. Crianças desumanizadas

Na primeira vez que vi uma pessoa se pendurar em um caminhão de lixo buscando algo para comer, eu estava confortavelmente sentada no meu carro, recém-saída de um restaurante bacana no Itaim. O choque que a cena me causou é irrelevante e desprezível diante do sofrimento daquele senhor que vasculhava no escuro, enquanto os lixeiros consternados jogavam os sacos por sobre sua cabeça, sob o olhar ansioso de uma mulher e duas crianças bem pequenas.

Em nossa sociedade, essa família faz parte do grupo assimilado à vida nua como conceituou Giorgio Agamben em *Homo Sacer: O poder soberano e a vida nua* (2010). São aqueles que não têm estatuto de sujeito, cuja vida poderia ser disposta sem provocar o trabalho de luto nos demais.

As gestações que emergem desse (não) lugar social revelam um paradoxo. Sua majestade o bebê, puro e inocente, surge onde as subjetividades não são devidamente reconhecidas. É só nesse momento que a sociedade se mobiliza, tentando extrair a pérola do limbo social que essa mesma sociedade produziu.

O bebê alojado no útero será "salvo" do estorvo por assistentes sociais, psicólogos e juízes ciosos de seu bem-estar. O consumo de drogas é uma das grandes justificativas para a perda do poder familiar entre pobres, enquanto os ricos se entopem de antidepressivos, ansiolíticos, álcool, drogas ilícitas e recreativas por não suportarem "o estresse da vida moderna". Agora, tente imaginar que droga amenizaria a dor de viver com a sua família na rua.

Sob a alegação de que não há boas condições para o desenvolvimento da criança, ela é tirada da família (geralmente da mãe). Não se cogita seriamente ofertar melhores condições para as famílias nas quais vivem, tornando ainda mais despossuídos mães e pais, de quem tudo já foi tirado.

Aí vem o paradoxo mencionado: o "salvamento" da criança se revela um circuito frequentemente fracassado — grande parte delas retorna para a miséria. A operação encobre mais uma forma de extermínio dos excluídos dentre tantas outras denunciadas. Por mais bem-intencionada que seja, essa política resulta inócua ou fatal, com raras exceções.

Fica evidente o desejo obsceno de dizimar a miséria eliminando o miserável. Crença neoliberal de que, inibindo a reprodução dos pobres e promovendo a dos ricos, diminuiríamos a pobreza e aumentaríamos a riqueza. Como se não se tratasse de condições intrínsecas à estrutura social desigual e injusta, mas da simples reprodução de corpos (corpos ricos ou pobres).

A maternidade é um luxo que só começa a valer a partir da classe média, casada, branca, cis e heterossexual. Fora desse espectro, toda a reprodução é tida como estorvo (proliferação de pobres e negros), psicopatológica (desqualificação da parentalidade de casais LGBTQIA+) ou inconveniente (suposta incapacidade de mães solteiras). O privilégio da parentalidade é ultrarrestrito e expõe a mentalidade tacanha que rege nossa sociedade.

Crianças desumanizadas

Se, por um segundo, pudéssemos ver no cidadão maltrapilho e intoxicado a criança cuja pobreza se perpetuou geracionalmente, talvez usássemos toda e qualquer oportunidade para lutar junto a ele. Afinal, ainda reservamos às crianças alguma sensibilidade.

O que aguardamos para sair às ruas pelas famílias esfomeadas? Uma coisa é certa, cálculo político e fome não compartilham da mesma temporalidade.

55. Sapos, filhos & cachorros

MUITAS PESSOAS DIZEM que não podem ter filhos, quando na verdade querem dizer que não podem tê-los a partir do próprio corpo, com sua carga genética. O subentendido ocorre porque costumamos reduzir a parentalidade à reprodução de corpos, esquecendo que filhos têm diferentes procedências.

"Quero ter um bebê", frase tão corriqueira, é mais um exemplo de uma curiosa redução. Equivale a dizer "quero ter girinos", quando de fato se trata muito mais de criar sapos. A depender do alcance do desejo, alguns pais/mães nunca se recuperam do fim da infância dos filhos, sonhando com pequenos eternizados.

Filhos vêm de diferentes lugares e nem sempre chegam a nós nos primórdios, mas, seja quando for, podemos contar com tumulto, transformações, choro e ranger de dentes. A depender do início da jornada, um tanto de sorte e nossa própria longevidade, seremos pais de bebês, de crianças, de adolescentes, de jovens adultos e de velhos.

A cada fase desafiadora, nos caberá criar repertório inédito para lidar com um sujeito que vai ficando cada vez mais crítico e exigente. A crítica é o pesadelo dos pais de adolescentes, enquanto os filhos têm por ocupação usar os pais como primeira baliza. Somos os modelos mais próximos e impor-

Sapos, filhos & cachorros

tantes, portanto, os mais sujeitos a ouvir palpites e receber avaliações implacáveis.

Além disso, com nosso envelhecimento, fica provado que não nos tornamos exatamente aquilo que fantasiamos vir a ser. Vai ficando cada vez mais difícil justificar o injustificável da nossa existência para nós e para eles.

Temos insatisfações no trabalho, ambivalências na vida amorosa, insistimos em amizades anacrônicas, cultivamos hábitos insalubres e lá estão os fiscais do comportamento alheio para nos lembrar disso diuturnamente. É como se os anos de infinitas ordens e responsabilizações intrínsecos a qualquer processo educativo fosse interpretado como estelionato eleitoral. A credulidade infantil dá lugar a uma desconfiança de que os pais nunca estiveram à altura do cargo. E se não podemos evitar sermos tão distantes do ideal que nos persegue, tampouco podemos impedir que os filhos descubram essa farsa, da qual não escaparão também. Ganha quem não se apegar demais à imagem a ponto de disputá-la. Mas também quem tiver consideração e respeito pela condição humana, nossa e deles.

Chegamos, então, à fase na qual não há mais adolescentes em casa, apenas adultos dividindo espaços, hábitos e afetos. Adultos com status diferentes, uma vez que, se os filhos já pudessem assumir integralmente os custos de uma casa, provavelmente não morariam mais com os pais. A casa acaba por responder mais aos anseios dos últimos, que a construíram segundo suas metas e possibilidades e, frequentemente, lá permanecerão.

Nesse ponto nos perguntamos se a jornada que começa com a falsa premissa de ter um bebê — nosso adorável e saudoso girino — terá valido a pena depois do esculacho e queda de braço da adolescência. Ou ainda, quando a passionalidade adolescente não opera mais, mas sim a delicada convivência entre adultos com diferentes anseios sob o mesmo teto. Como é descobrir que na parentalidade começamos príncipes e terminamos sapos?

Se os humanos, com suas pequenas glórias ordinárias, inseguranças pueris, disputas patéticas e surpreendente capacidade de amar e aprender te encantam e inspiram a cuidar, a parentalidade pode ser um campo fértil para você (mas não o único).

Mas, se você quer ser amado incondicionalmente e seguido com louvor, sugiro cachorros.

56. O fracasso do amor

Nomear o amor é tão necessário quanto vivê-lo. Ainda que sua tradução nos escape, somos compelidos a transmitir o que experimentamos. As formas de definir o amor mudam em função da época e dos discursos que usamos, seja o da religião, da arte ou da ciência.

Ainda que nos escape a palavra final sobre o amor, concordamos que ele é condição para o laço social e barreira à nossa destruição. Daí a premência em cantar, louvar e estudar o amor.

Em *Cenas de um casamento* (2021), remake do filme homônimo de Ingmar Bergman, questões sobre as relações amorosas conjugais são suficientemente oportunas para que se abstraia a temerária releitura de uma obra-prima, como bem nos lembra Helen Beltrame-Linné.

A inversão dos papéis convencionalmente atribuídos aos homens (provedores principais, alheios aos cuidados domésticos e dados a relações extraconjugais) — aqui vividos pela esposa — nos obriga a confrontar estereótipos. Jogada interessante, mas que não leva muito além.

O casal Marianne e Johan se formou a partir do que o marido chamou de "milagre". O encontro entre dois sujeitos meio perdidos, que reorganizaram suas questões com o mundo a partir dessa relação. Ele em crise com os preceitos familiares nos quais foi criado, repletos de restrições, indo em direção a um casamento judaico tradicional e baseado em altas expectativas morais. Ela quicando de uma relação insatisfatória para outra, afeita a grandes paixões um tanto deletérias e um tanto autodestrutivas.

Dá-se o encontro no qual cada um passa a ser o salvador do outro, trazendo erotismo onde carecia e estabilidade onde o caos imperava. Mas ser "salvo" tem seu preço. O outro se torna o fiador do bem-estar e, portanto, seu vigia. Como alguém poderia nos salvar de nós mesmos? E se fosse possível, ainda assim, seria desejável?

Nesse caso, a declaração "estou com você porque você me faz bem" torna-se rapidamente "preciso de você para estar bem". Quem leva a fama de fiador da vida do outro acaba por servir também de álibi. Nessa lógica é o outro que me impede de me realizar, sem ele eu estaria vivendo a vida adoidado.

Nem salvador, nem inibidor. Bancar o desejo não é fácil sob nenhuma circunstância, pois implica escolher, perder e se responsabilizar pelas escolhas/perdas.

Para reencontrar alguma forma de negociação possível com o desejo, precisamos tirar o outro do lugar de alguém que nos completaria e renderia. Aliás, em muitos casos de feminicídio ouve-se o argumento de que era impossível viver sem a ex-companheira. Não são raros os casos de feminicídio seguidos de suicídio.

Marianne e Johan terão que resolver a intrincada equação entre sustentar o seu desejo e as expectativas pessoais, parentais e conjugais. A forma atabalhoada como tentam essa transição revela a insistência em conciliar o inconciliável sem as perdas a serem assumidas. A relação acaba por padecer

O fracasso do amor

daquilo mesmo que justificou sua existência, ainda que não se resuma só a isso.

O salvador se torna aquele que impede o outro de respirar e a violência parece ser a única forma possível para o desenlace. Ultrapassado o umbral do fim, talvez reste algo digno de ser compartilhado. Em outro espaço, menos marcado pela ideia de completude e repetição, mais onírico, fora do tempo e fragmentado. Talvez aí algo possa acontecer, circunstancialmente.

O fracasso do amor conjugal nem sempre se deve à falta de afeto, mas à impossibilidade intrínseca de suturar nossa solidão fundamental. Ainda assim, o amor segue sendo a melhor forma de tentá-lo.

57. Meu corpo, velhas regras

AINDA QUE A CEGONHA TENHA nos largado numa família amorosa e que tenhamos competências excepcionais, somos fadados a nascer num determinado corpo. A loteria genética define cores, texturas e formas, cabendo à linguagem nomear, classificar e atribuir valor ao que, em si mesmo, não quer dizer nada. "Loteria" é uma boa palavra porque aponta tanto para a probabilidade estatística de nascermos com determinados atributos físicos, quanto para os valores associados a eles.

Nossa aparência está de antemão precificada, não havendo nada de neutro aqui. Quanto vale o sujeito que habita um corpo masculino, alto, branco, magro, musculoso, com traços simétricos? E um sujeito que habita um corpo feminino, baixo, negro, gordo, com traços irregulares ou com alguma deficiência?

Diferenças são usadas sistematicamente para justificar o poder de alguns sujeitos sobre outros. Onde estão, majoritariamente, os corpos negros, senão nas periferias do mundo, onde geram outros corpos negros que ali permanecem geração após geração?

Se tivesse que elencar a maior mazela humana, diria que é nossa impossibilidade de reconhecer que há uma vida que vale tanto quanto a nossa encarnada no corpo do outro. Tema importantíssimo para a psicanálise, que Lacan for-

Meu corpo, velhas regras

mula em seus estudos sobre o registro imaginário: a descoberta de si vem junto com a descoberta do outro a quem amo e odeio. O que o outro quer de mim? O que sou para ele? Como não sofrer em suas mãos? Como fazê-lo me amar e como controlá-lo?

Não há povo que não tenha criado castas superiores e inferiores, sendo que a desigualdade entre gêneros, de tão generalizada, tende a passar despercebida em sociedades mais cooperativas.

"Meu corpo, minhas regras", não à toa, é um dos slogans políticos mais fortes da luta pelos direitos das mulheres em nosso tempo.

Uma sociedade na qual a relação entre os humanos seja absolutamente equânime, levando em conta as particularidades, ainda está para ser construída.

Em um mundo no qual a sobrevivência diz cada vez menos respeito à força física, o valor também se desloca para as competências mentais, o que permite que um homem como Stephen Hawking, por exemplo, vítima de esclerose lateral amiotrófica, seja um ícone mundial. Claro que suas chances seriam ainda mais improváveis caso sua genialidade emergisse num corpo negro, de mulher, ou ambos.

Não à toa, Judith Butler causou incômodo, em 1993, com seu livro *Corpos que importam* (2019), no qual aponta que a luta feminista não deve se deter à denúncia das injustiças que sofrem mulheres, negros, imigrantes, transexuais… Essa luta é fundamental, mas ela deve servir de estratégia, não um fim em si mesmo. É a lógica que separa corpos humanos entre os que merecem e os que não merecem viver que deve ser atacada ininterruptamente. Nossa batalha deve ser no sentido do reconhecimento de todo e qualquer sujeito habitando todo e qualquer corpo. Como diz Virginie Despentes — autora de *Baise-moi* (1994), *Teoria King Kong* (2016) e *A vida de Vernon Subutex* (2019) —, "o feminismo que me interessa é o das putas, das feias e das lésbicas". Um feminismo que defenda que só sejam consideradas mulheres pessoas nascidas com útero, por exemplo, não me interessa absolutamente.

Mulheres criticadas por não corresponderem ao corpo que lhes imputam é o resultado do desprezo pela humanidade em cada um de nós.

58. Sexualidade e abuso

UMA DAS CENAS MAIS EMBLEMÁTICAS da condição sexual humana foi retratada por Almodóvar em *Dor e glória* (2019). Nela, um menino de nove anos fica perplexo diante da visão do corpo de um jovem adulto se banhando. A criança desmaia e cai de cama, vítima de uma febre inexplicável. Boa hora para lembrar que patologia vem de "páthos", se referindo à paixão e ao assujeitamento, ou seja, qualquer ideia de saúde mental que tenha como objetivo erradicar o patológico em nós ignora do que somos feitos. As paixões nos movem e, vez ou outra, nos adoecem.

Trago a cena do filme de Almodóvar por considerá-la exemplar do nosso encontro estrutural com a sexualidade. Não se trata do encontro com o ato sexual, totalmente inapropriado entre adulto e criança. Tampouco o diretor insinua qualquer intenção por parte do jovem de seduzir o pequeno.

A cena tão cândida, quanto erótica, revela aquilo que rendeu a Freud mais de um século de "excomunhão": há sexualidade desde a infância. Aqui, sexualidade engloba a origem do que entendemos por prazer e por desejo a partir dos laços entre humanos. São nossos pais, mães e cuidadores que, na sua função de cuidar, despertam e apaziguam o prazer — e a dor — em nós.

O desmaio (*falling in love*, como se diz em inglês) e a febre do menino encenam o impacto do sexual — mais precisamente da pulsão — sobre um diminuto corpo. De tempos em tempos um encontro corriqueiro revela — como na cena do banho — o caráter intrinsecamente traumático do sexual.

Quando o sujeito não tem recursos para encarar a sexualidade, pode cair doente ou, no caso de um agressor, demonstrar ódio por quem deseja. A violência contra homossexuais, gordos, negros — sujeitos cujos corpos se supõe que não deveriam atrair — revela bem essa covardia diante da sexualidade.

Se o jovem do filme de Almodóvar tivesse se insinuado para a criança, estaríamos lidando com uma cena de abuso, responsável pelo trauma contingencial, ou seja, aquele que pode e deve ser combatido a todo custo.

Nessa hora, o trauma do abuso — situação hipoteticamente evitável — se liga ao que a sexualidade tem de traumática em si, estrutural e inevitável. Por isso, para elaborar certas violências, teremos que passar nossa relação com a sexualidade em revista, pois uma impacta na outra.

A vulnerabilidade física, social e psíquica (e a trapaça química do "boa noite Cinderela") permitem que pessoas sejam violadas por aqueles cujo prazer sexual não se dá na troca entre semelhantes, mas na usurpação do corpo alheio.

Além disso, abusos vão do ato de inequívoca violência até a zona cinza das relações sociais e dos jogos de poder, expondo situações paradoxais. *Isso é prazer + A dificuldade de seguir regras* e *Mau comportamento* (2021) de Mary Gaitskill, lançados em português pela editora Fósforo, elevam o nível da discussão sobre abuso e consentimento com seus contos ambíguos e desconcertantes. Gaitskill chega com quase três décadas

Sexualidade e abuso 193

de atraso em português, mas sem rugas, pois denuncia que um ato consentido pode camuflar abusos estruturais não reconhecidos. Ela traz à baila o longo processo de aprendizado infantil que invisibiliza violências e impede que sequer cogitemos nos defender. Compara o sofrimento decorrente do violento estupro que sofreu com uma relação sexual consentida — mas não desejada — na qual se perguntou se poderia ter dito não. Chega a considerar o segundo acontecimento mais perturbador. Sem encararmos ambiguidades como essa, pouco avançaremos na complexa questão do consentimento.

59. Não se pode falar tudo

EM ANÁLISE, a regra básica é falar o que vier à cabeça. Mas, como Freud descobriu assim que abriu mão da hipnose, ela esbarra em um impedimento: a autocensura. O trabalho analítico se dá na tentativa de suplantar as resistências, entre elas a que nos impede de falar tudo. Além disso, a própria linguagem é incapaz de nomear a vida. Seguimos analisando, então, assumindo esses dois impossíveis.

Já no âmbito público, o gozo da fala solta e inconveniente virou uma qualidade premiada com seguidores, projeção, dinheiro. Seria uma contradição?

As redes virtuais permitiram que as pessoas emitissem as opiniões que guardavam para si por medo de retaliação ou falta de oportunidade. O cidadão comum passou a encontrar ecos da própria voz mundo afora, onde havia outros que pensavam como ele. Se, por um lado, isso permitiu que sujeitos oprimidos fossem ouvidos e saíssem da invisibilidade, por outro, promoveu as ideias mais sinistras. Aquelas que revelam nossa insensibilidade, sadismo ou ânsia de assujeitar o outro.

Lembremos o caso da menina de dez anos estuprada durante um longo período, cuja gravidez gerou comoção nacional: quem se prestaria a dizer que ela era conivente com o seu violador pois desfrutava do abuso? Infelizmente, tivemos a nauseante experiência de ouvir essas e outras opiniões in-

Não se pode falar tudo

decentes — às quais provavelmente jamais teríamos acesso — disseminadas em fóruns virtuais.

Para manter a vida em sociedade é necessário medir as próprias palavras, evitar a licenciosidade dos preconceitos e a disseminação de injustiças. O filósofo popstar Slavoj Žižek vem alertando há décadas para a conspurcação e diminuição do espaço público pela incontinência do gozo privado.

Ao encontrarem eco para suas falas indefensáveis, muitos passaram a execrar e a perseguir discursos que apresentassem o contraditório, fortalecendo crenças, ao mesmo tempo que criavam laços de reconhecimento e afeto entre seus pares.

As vozes dos pesquisadores, contraintuitivas, foram abafadas pelo coro do senso comum alçado à categoria de verdade inconteste. E, a depender da simples percepção, a Terra é plana e o Sol gira à sua volta.

Já no processo de uma análise, na qual a instrução é de que digamos tudo o que vier à mente, resistimos a falar livremente. O que está em jogo aqui?

Quando o psicanalista ouve da boca do paciente a afirmação de que a criança estaria gostando de ser abusada, sabe que o sujeito está falando de si mesmo, revelando seu próprio gozo recalcado. Em análise, não há coro à fala do sujeito, pois o analista só intervém com a finalidade de fazê-lo se escutar. Diante do embaraçoso silêncio, o paciente se vê compelido a justificar o fundamento do que diz, o que fará com que assuma eticamente um lugar perante suas fantasias. Não há obscenidade, porque essa é a cena que a análise visa trazer à luz e esta é a condição para consegui-lo. Na análise a fala é alçada à dignidade de um ato de total responsabilidade do locutor.

A arte é outro lugar privilegiado, no qual tudo pode ser dito com a finalidade de promover a autorreflexão, jamais a opressão do outro. Mas o que faz o "honestopata", que morre e mata pela boca? Vê na arte a obscenidade que recusa a ver em si mesmo. O cancelamento de quadrinhos nos quais personagens são gays é um dos exemplos mais comuns.

A coragem não reside em falar tudo que vem à cabeça, mas em escutar de onde emergem nossas falas e o que elas dizem sobre nós. A covardia é a grande "qualidade" do "honestopata", que pede desculpas por medo de retaliação sem sequer saber pelo quê.

60. Um brinde às amizades

ONTEM MINHA MELHOR AMIGA morreu e saí para dançar.

A saúde dela, que havia se tornado mais frágil ao longo dos últimos anos, não suportou o oportunismo do vírus da covid.

Fui à festa de um querido, celebrar a vida que ela me ajudou a apreciar.

Outro amigo, Christian Dunker, lembrava em conferência que, se o amor de transferência forjado numa análise é campo de cura, também os amores de uma vida (conjugal, fraterno, filial) podem sê-lo.

Nos conhecemos na faculdade e ela costumava contar que encasquetou ser minha amiga no primeiro dia de aula. Do alto dos meus nem vinte anos, me interessava pouco pelos alunos mais velhos — ela estava na casa dos cinquenta —, flagrante do que viria a ser chamado de etarismo quatro décadas depois.

Mal sabia eu que nossa amizade seria o pivô da saída de minha existência besta de adolescente. Sua personalidade única se chocou com meus controles obsessivos. Anos ao lado dela equivaleram a décadas de análise.

Quando me encontrava diante de dilemas amorosos e lhe perguntava o que fazer, a resposta era sempre: na dúvida, vai fundo. Sem papas na língua ou vontade de fazer concessões ao desejo do outro, Dinorah já nasceu com a convicção de que nunca se tem tempo a perder.

De adventista criacionista a terapeuta reichiana, foram inúmeras as revoluções que ela fez em sua vida e na de todos à sua volta.

Nunca cedeu ao que se esperava de uma mulher ao envelhecer, fosse para agradar amigos, marido ou filhos.

Nas horas sombrias da minha vida, conseguia me convencer de que eu sobreviveria. Nas disputas, saía em minha defesa antes mesmo de saber a versão do outro. Maravilhosamente parcial, tendenciosa a meu favor, não saberia definir melhor o sentido de uma amizade.

No trabalho de luto, temos o tempo incomensurável de recolher tudo o que depositamos no objeto amado até reinvestirmos grande parte desse afeto em outras coisas e pessoas. Quando perdemos um amante, paira no ar a possibilidade de encontrarmos um novo amor. Não se trata obviamente de substituição, mas de um papel que poderá ser cumprido por outro. Mas quando se trata de amizade, a questão não se coloca. Relação tão preciosa pela absoluta singularidade, não existe perda de amigo a ser preenchida. Mesmo quando se rompe a relação, paira a impressão de que poderíamos recuperá-la em outra fase da vida, quando o amadurecimento trouxesse seus ganhos.

Dinorah não queria sossego, vivia atrás de uma muvuca com música e agitação aonde quer que fosse. Sonhava com o fim da pandemia e com a eleição que se aproximava para nos tirar da enrascada na qual nos metemos. Apaixonada por política e pelo Brasil, não deixava que falassem mal da nossa terra.

O luto também requer a elaboração da ambivalência, aquela parcela de ódio que existe em todo amor.

A verdadeira mancada da Dinorah foi ter nascido tanto tempo antes de mim e ter me deixado aqui sem ela. Imperdoável, minha querida amiga.

O luto implica a simbolização da perda, da qual fazem parte essas linhas tortas. Assim também faz parte reinvestir cada lembrança através dos gestos que pretendem homenagear o ente perdido.

Dinorah morreu e eu fui pro samba na casa de amigos, como ela me exortaria a fazer, caso tivesse sido consultada.

61. Agora só vou com mulher

COMPARTILHO, para escrutínio público, uma experiência particular, que lamento não ser única. Munida de pedido médico, me dirigi a um dos melhores laboratórios do país para um exame de carótida. Trata-se de avaliar o calibre das artérias pelo ultrassom, passando o aparelho sobre o pescoço. Nada poderia ser mais simples, indolor e rápido. Mas eis que o técnico que conduziu o exame resolveu que para fazê-lo caberia apoiar o braço sobre meu seio. Roçar no mamilo para fazer um exame de carótida equivaleria a roçar na glande masculina para fazer um ultrassom de abdome: ambas são manobras tecnicamente erradas e inapropriadas.

O profissional teve um comportamento abusivo? Sim.

Mas de nada adianta a afirmação se não clarearmos o sentido desse termo. O abuso — no caso sexual — implica obter prazer usando o corpo do outro a sua revelia, ou ainda, explorando a vulnerabilidade, a subalternidade ou a ingenuidade da vítima. Trata-se de uma experiência de gozar com o poder sobre o outro e não apenas com o roçar de peles, penetração ou troca de fluidos. Ele é tão mais poderoso se for cercado de testemunhas que endossam por omissão ou encorajamento o lugar do abusador. Portanto, não se trata absolutamente de avaliar se havia algum desejo particular pelo abusado, mas do exercício de um poder.

Uma das grandes distorções da formação médica é supor que paciente deve se submeter inteiramente ao profissional que, afinal, está ali para "salvar" sua vida. É a partir dessa premissa de superpoderes, de um lado, e de submetimento compulsório, do outro, que a perversão corre solta.

Ao ignorar acintosamente o erotismo dos seios de uma mulher, o médico está dizendo que ela é uma carótida a ser examinada, uma peça de anatomia e não um sujeito inteiro como ele mesmo se supõe.

Sugiro também refletir a partir do lugar do paciente. Poderia ter desfrutado da experiência, uma vez que o toque é supostamente excitante? Sem chance. O gozo só funciona dentro do paradoxo de "se fazer de objeto", ou seja, como sujeito que "se faz de" objeto. Se me faço de objeto, me faço desde o lugar de sujeito que escolhe fazê-lo. Fato que algumas feministas que arbitram sobre o que as mulheres devem ou não fazer com seus corpos insistem em ignorar. Aliás, nada mais bizarro do que uma feminista palpitando sobre o uso que outras mulheres fazem do próprio corpo.

Neste jogo, ao contrário das práticas consensuais de sadomasoquismo nas quais o consentimento está colocado de saída, só goza quem faz o outro de objeto.

Não fui consultada, não concordei, então, não me coube outro papel senão de corpo de mulher à disposição do exercício de um poder masculino.

Em outra ocasião, presenciei solução similar, mas com uma nuance mais neurótica do que perversa, para o dilema do exame dos corpos. Um médico da mesma instituição resolveu provar em ato que ultrassom vaginal é totalmente anódino. Em sua técnica a mensagem era clara: negação absoluta do fato de que ele estava no escurinho da sala na qual são feitos exames de imagem, enfiando um objeto digno de um sex shop, devidamente recoberto com uma camisinha e besuntado de gel, dentro da vagina de uma mulher. O tratamento foi brutal para que ficasse bem claro que não havia nada de erótico ali.

Resultado: enquanto a formação médica for esse show de horrores misógino e militar que sabemos que é, vou fazer minha aposta nas médicas mulheres. Peço desculpas a amigos médicos a quem admiro e cujo trabalho vai na contramão do exposto acima. Sei também que existem médicas totalmente identificadas com o machismo ou com o sadismo, mas prefiro correr o risco.

Aos que se sentirem injustiçados, sugiro que lutem contra a misoginia desde a formação de suas colegas, que promovam a representatividade política delas nas instituições e que tratem em análise seus problemas ligados ao poder e ao sexo.

De resto, só posso desejar que esses médicos manipulem seus aparelhos bem longe de mim.

62. É hora de falarmos de sexo com as crianças

Não CONHEÇO PAI, mãe ou educador, dignos de suas responsabilidades, que não busquem proteger as crianças de informações sexuais impróprias. Faz parte de suas preocupações o medo de expô-las a experiências precoces e traumáticas, a gravidezes indesejadas e a doenças sexualmente transmissíveis.

Mas o fato é que, mesmo com todo zelo e boa intenção, as crianças têm tido acesso irrestrito a informações equivocadas ou incompletas sobre sexo, além de pornografia. Seu filho não tem celular? Não se iluda, basta qualquer criança de seu convívio ter. Além disso, as ideias promovidas nas redes fazem parte do caldo de cultura no qual estamos inseridos e revelam a hipocrisia de uma sociedade que se diz libertária, quando de fato tem sérios problemas quando se trata de sexualidade.

Somado ao acesso a material inadequado, cuja solução depende de regulação midiática, conscientização e ações coletivas difíceis de implementar, enfrentamos outros dilemas. Muitas famílias acreditam que falar sobre o assunto com crianças e jovens seria incutir na cabeça deles algo que eles desconhecem.

Então, temos, de um lado, a violência das redes sociais atravessando a vida das crianças sem mediação e, de outro, o silêncio alienado dos adultos que não sabem o que fazer com a temática sexual. Alguns ousam educar, mas acreditam que basta informar os aspectos anatomofisiológicos e a missão está cumprida. Falar de sexo não é só falar sobre órgãos, suas funções, gravidez e doenças, dados necessários, mas insuficientes. Estão em jogo aqui temas fundamentais como: consentimento, desejo, identidade, responsabilidade, amor, respeito, violência.

Freud alertava para o fato de que os pais costumam se embananar com suas próprias angústias diante dos filhos, não sendo as pessoas mais indicadas para abordar a questão da sexualidade. Nessas horas, é mais producente contar com adultos próximos e confiáveis como tios/as, padrinhos/madrinhas e professores.

Além disso, antes de pensar em trazer-lhes mais informações é imprescindível escutá-las e fazê-las refletir sobre os estímulos a que já estão submetidas. Conteúdos extremamente machistas próprios da estética do pornô, por exemplo, incrementam a violência contra meninas, num mundo no qual a mulher não é sequer sujeito. Meninos também estão expostos a abusos sexuais e pressão para reproduzir comportamentos aviltantes.

Famílias nas quais o recato desemboca em omissão correm o risco de deixar as crianças à mercê de sua curiosidade, excitação e ignorância, ou seja, totalmente desprotegidas. Hipersexualização conjugada com o silêncio pernicioso dos adultos explicam muitos casos aberrantes nos quais uma criança engravida outra. Junte-se a isso políticas públicas que apostam na abstinência voluntária, em vez de promover e oferecer meios de proteção, e teremos a encruzilhada sexual inédita na qual nos encontramos.

A criminalização do aborto e sua obstrução em casos previstos pela lei revelam que, quando as coisas não saem

É hora de falarmos de sexo com as crianças 205

como esperado, o Estado comparece para deixar ainda mais sem saída quem já vinha desprotegido. A cereja do bolo é a condenação moral de quem, para não abortar, entrega em adoção uma criança não desejada, como vimos no caso da jovem Klara Castanho. Depois de uma gravidez excruciante, decorrente de estupro, a jovem de 21 anos teve seu prontuário vazado e, o que considero ainda pior, sua decisão de entregar o bebê em adoção julgada no tribunal da internet.

Todos esses são sinais inequívocos de que estamos a anos-luz de qualquer ideia de liberdade sexual, confundida com exibicionismo e violência. Urge falar sobre sexo com nossas crianças tanto na esfera pública, quanto privada.

63. Transfobia é medo de quê?

O ÓDIO ÀS MULHERES SE CHAMA misoginia e o ódio aos homens foi batizado de misandria, mas, curiosamente, o ódio aos sujeitos LGBTQIA+ ficou consagrado como transfobia, homofobia e afins. Nada de "transinia" ou similar genérico com som mais palatável.

Fobia é um tema quente da psicanálise e se refere a um sintoma que pode ser tanto episódico quanto uma passagem da infância. O medo é bem-vindo quando nos alerta para riscos, mas, na fobia, ele tem caráter irracional e enigmático. Temer e evitar um cachorro com cara de poucos amigos é salutar, mas trocar de calçada diante de um chihuahua é, no mínimo, curioso. A fobia fala de um medo inconsciente deslocado, no caso, para um pobre cachorrinho indefeso. O afeto se revela exagerado diante da causa, mas o fato é que a causa é outra, restando a coragem ou não de desmascará-la.

As crianças costumam ter uma fase fóbica, de medos irracionais. Trata-se de um período no qual estão se havendo com a lei e com o desejo: com o medo de se deparar com a lei, mas também com medo de que a lei não opere. Parece contraditório, mas o prazer, a satisfação e mesmo a — superestimada — felicidade dependem da lei, sem a qual ficamos assolados pela angústia, por sintomas e por inibições, parafraseando um dos mais célebres textos de Freud.

A lei, que permite e restringe a satisfação, não deve ser tão restrita a ponto de condenar o prazer ao estoicismo. Pessoas que adoram alardear o quanto sofrem mal conseguem disfarçar para si mesmas que essa é a grande fonte de satisfação da qual se permitem gozar. A essa satisfação inconsciente, feita mais de sofrimento do que de prazer, Lacan deu o nome de gozo. Alguns martírios religiosos são bons exemplos disso.

Freud não cansou de apontar como o ideal de virtude vitoriana levou mulheres aos sanatórios e como a aposta ingênua na racionalidade iluminista desembocou na carnificina da Primeira Guerra Mundial, provando que o mundo dito civilizado nunca conseguiu uma boa solução de compromisso entre lei, prazer e gozo.

Não existe sociedade que não tenha leis para regular o gozo de seus integrantes. São elas que permitem que, a partir das renúncias necessárias, possamos viver os prazeres e esses, afinal, não precisam ser poucos.

Então não é algo insignificante que o nome usado para falar do preconceito, da intolerância, da violência e dos assassinatos de pessoas LGBTQA+ seja o termo consagrado pela psicanálise: fobia. Nada mais oportuno, uma vez que revela a causa e não a consequência. A eliminação real do objeto fóbico está entre as soluções mais radicais encontradas para não se ter que lidar com a causa inconsciente do medo. Mas porque o amor erótico consentido entre adultos pode incomodar tanto, a ponto de pessoas serem mortas? É claro que cada um terá que responder em nome próprio de onde vem tanto medo do encontro com a questão LGBTQIA+, mas as pistas são muitas.

A sexualidade e a possibilidade de desejar para além dos ditames patriarcais e heteronormativos é que "matam" de medo o transfóbico. Que alguém deseje, que assuma para si mesmo esse desejo, que o assuma para os outros e, cereja do bolo, que se orgulhe de assumi-lo são passos gigantescos, custosos, perigosos, que nem todos estão dispostos ou têm a coragem de bancar. Para quem capitula diante do próprio desejo — sem sequer saber qual ele seja —, o orgulho LGBTQIA+ é motivo de pavor.

Os covardes que atacam quem se assume fora do cabresto de gênero morrem de medo da própria sombra.

64. Para ser mulher tem que ter útero?

Parece que o movimento feminista tem que viver, de tempos em tempos, alguns chacoalhões internos para estar à altura de seus anseios por justiça. Foi assim quando as mulheres negras acusaram as sufragistas de defenderem uma pauta branca e classista, ignorando que quem já foi escravizado não tem as mesmas prioridades de quem escravizou.

Se as mulheres brancas denunciam a maternidade compulsória, para as negras e pobres é o direito à maternidade que está em jogo, uma vez que ele é desqualificado por um Estado que lhes destitui o poder familiar sistematicamente.

Vale lembrar que as centenárias anarco-feministas já lutavam contra a obrigatoriedade da maternidade, do casamento, da heterossexualidade, enquanto o feminismo maternalista reinava.

Outra questão que modifica a extensão do movimento é a disputa entre um feminismo liberal, que comemora a conquista de algumas ao estilo meritocrático, no qual as "melhores vencem", e um feminismo de esquerda, que leva em consideração as diferenças sociais.

A aspiração por incluir todas obriga a considerar o abismo entre nós e pleitear a equanimidade, sem a qual não há justiça.

A partir do movimento LGBTQIA+, o chacoalhão vem pelo lado das mulheres trans. Elas nos levaram a questionar se pessoas que não nasceram com útero e se reconhecem como mulheres cabem na pauta feminista.

A resposta nos impele a repetir o sempre atual mantra beauvoiriano: "não se nasce mulher, torna-se". Frase fundamental para lembrar que não é na anatomofisiologia que se encontra a questão da mulher e as razões de sua opressão.

Usar o útero para restringir o sentido do feminismo é ignorar do que é feita a mentalidade que nos oprime. Como aprendemos com Gayle Rubin, já nos anos 1970, as relações sociais determinam a interpretação dos dados da biologia, e não o contrário. A opressão às mulheres é contemporânea do rígido controle social da sexualidade, o que deve nos deixar atentas a toda forma de ingerência no campo do gênero e da orientação sexual. A categoria mulher tem servido para justificar a exploração e o poder de uns sobre os outros, e qualquer um que integre ou orbite o universo feminino recebe o chumbo grosso da misoginia, tenha útero ou não. *"La donna é mobile, qual piuma al vento"*, já dizia Verdi, ao retratar aquelas em quem não se pode confiar. A regra é subestimá-las, mas, em caso de dúvida, é melhor jogá-las na fogueira.

Esse critério já seria suficiente para que repensássemos o guarda-chuva do feminismo. A história se repete, lembremos de Sojourner Truth, mulher negra e ex-escravizada, perguntando em 1851: "E eu não sou uma mulher?".

A agenda de cada grupo tem especificidades, mas o feminismo é um movimento social e político que denuncia e luta contra a exploração sexual e social de todas as mulheres. É também uma área de pesquisa com mais de um século de discussões que buscam evitar interpretações simplistas. A intuição confunde o significante mulher — categoria de sujeitos oprimidos por seu gênero e por sua sexualidade — com pessoas nascidas com útero. Tampouco se pode confundir pessoas nascidas com útero com feministas ou pessoas dentro do espectro LGBTQIA+ com militantes pela causa progressista.

Em sua história, o movimento feminista foi capaz de reconhecer que não há liberação das mulheres sem pensarmos nas questões raciais, sociais e de gênero. Nessa altura do campeonato, se fosse só uma questão anatômica teríamos muito pouco do que nos orgulhar nessa trajetória.

65. Poderes reprodutivos e suas armadilhas

Segundo a antropóloga Rita Segato, todas as sociedades enaltecem a maternidade ao mesmo tempo que maltratam as mães — ainda que cada uma o faça do seu jeito. A razão desse aparente paradoxo é que a idealização serve justamente para colocar debaixo do tapete a realidade que preferimos ignorar. Como o tapete é sempre curto, o ignorado retorna na forma de violência e adoecimento. Movimentos de empoderamento de mulheres correm o risco de, inadvertidamente, caírem na mesma armadilha. Para evitá-la temos que levar em consideração os diferentes lugares nos quais a idealização da maternidade, erroneamente reduzida à genitora, se ancora.

A possibilidade de gestar, parir e amamentar é realmente espetacular e requer todo respeito e cuidado que uma sociedade possa dispensar. Nada mais indigno do que um povo que despreza aqueles através dos quais surgem as novas gerações. Nós somos esse povo. Para compensar o absoluto descaso, é tentador carregar a mão num suposto caráter sagrado da maternidade. Mas depositar poderes sobre-humanos nessa experiência cobra seu preço, até porque não há nenhuma garantia de que passar por ela nos transformará em boas mães.

Convalescer do parto — geralmente cirúrgico — e elaborar a separação de corpos é uma trabalheira a mais para aquela que, além de tudo, acaba se tornando responsável sozinha

Poderes reprodutivos e suas armadilhas

pelo que se passa com a criança depois desse feito gigantesco. Para os demais, não agraciados com o útero, a conta chega pelo lado inverso: a suposição de que seriam menos talhados para a função de amar e criar filhos do que a genitora. Pode ser devastador quando se é pai ou mãe que não pariu, ou conveniente, quando se quer livrar-se da responsabilidade pelos filhos colocados no mundo.

Lutar sem trégua pela proteção e cuidado das pessoas que gestam e parem é pauta urgente, visto que um grande número vive a perinatalidade em condições de guerra: nas ruas, desassistidas, em situação de extrema pobreza e vulnerabilidade. A outra parte pode ter melhor situação material, mas também é oprimida por imperativos ideológicos e pelo desamparo social. A carga mental está aí para revelar quem é verdadeiramente responsabilizado pelo que se passa com os filhos ao longo de toda a vida.

Faz parte da luta por defesa dos cuidados com a perinatalidade e a equanimidade de gênero evitar reforçar os estereótipos que aprisionam mulheres em uma categoria oprimida. A misoginia se alimenta da premissa — construída entre os séculos XVIII e XIX — de que a anatomia feminina encerraria um ser absolutamente diferente, complementar ao homem e cuja grande potência se revelaria na reprodução. Para compensar o que as mulheres perderam socialmente resta a exaltação dos prodígios de um corpo capaz de parir — bola de ferro atada ao pé, que alguns acharam por bem abraçar. E é aí mesmo que — quem diria? — pode retornar o modelo de virilidade de nossa época: fantasia do poder da vontade — ignorando o inconsciente — e do poder sobre o outro que enseja a conhecida guerra por prestígio.

Acabar com a opressão contra as mulheres não é inverter opressor-oprimido, mas lutar para que o próprio ato de oprimir seja inibido, ou seja, que o próprio sistema sexo-gênero seja atacado. Daí a importância de ter como aliados os movimentos que lhe fazem oposição.

O narcisismo das pequenas diferenças apontado por Freud, mal disfarçado em alguns discursos militantes, revela que a sanha machista de apontar dedos e estar acima do outro faz escola entre homens, mas também entre mulheres, trans, cis, gays, enfim. Se for essa a escolha, não chegaremos a nenhum lugar juntos. Correção, juntes.

66. Dicas para enfrentar o mal-estar

UMA DICA É ADMITIR QUE A CONSCIÊNCIA, que é uma ferramenta recém-adquirida pela humanidade, está fadada a fracassar em suas pretensões iluministas. Se a intenção for dar conta da experiência da vida apoiado na capacidade de atribuir-lhe sentido, melhor enfiar a viola no saco. Foi na tentativa de tudo entender, controlar e predizer, capturados por excessivas promessas da ciência, que nos perdemos. Para escapar da máquina de pensar, disparamos no uso de drogas. Entre encontrar "o" sentido da vida ou vivê-la, sugiro investir na poesia.

Lacan inicia seu primeiro seminário publicado com uma alusão à técnica budista de ensino, na qual o mestre ajuda o discípulo a desapegar da razão. Termina entregando figurinhas com a imagem de um elefante à audiência. Em interpretação livre, diria que ele aponta para o fato de que tem "aquilo", a teoria sobre a qual podemos discorrer longamente, e tem "isso", que nos escapa. O "Isso", verdadeira matéria da psicanálise, é o outro nome do inconsciente. O que escapa ao sentido não deveria nos acabrunhar, mas entusiasmar. A condição é não nos levarmos muito a sério.

Outra dica é admitir que sem o outro não dá. Não apenas porque o isolamento mina nossas forças, mas porque nunca estamos inteiramente sós. O diálogo interno implica um outro que nos habita, nos julga, adula e recrimina. Paradoxalmente, pode-se dizer o oposto também: nunca estamos verdadeiramente acompanhados pela impossibilidade estrutural de compartilhar a experiência.

O encontro com o outro pode confirmar nossas péssimas expectativas, mas também pode nos surpreender. Como quando percebemos que todos os amores da nossa vida foram horríveis, exceto um. E justo esse, que escapa à série, pode acabar levando a bronca que cabia aos anteriores, justamente por contrariar experiências e expectativas. O encontro com o outro tem desses embaraços e deleites.

Quando o outro nos deixa — voluntária ou involuntariamente — nos expõe a um dos maiores entraves de qualquer relação, que é o medo de sofrer, claro. A técnica de se isolar para não sofrer seria boa se funcionasse, mas o isolamento é fonte de inesgotáveis sofrimentos compartilhados no divã. Vivemos o paradoxo das relações humanas incrementado pelas agruras da era mídia. As ferramentas que poderiam nos aproximar magicamente confirmam que não há tecnologia que resolva o infantil em nós que permanece ainda que a infância chegue ao fim. Mais do que aproximar, as mídias têm promovido sofrimento em escala global e instantânea.

Tem também a dica de cuidar. Não esse cuidado compulsório imputado às mulheres para fins de desoneração da responsabilidade dos homens. Mas o cuidado que emerge do reconhecimento de que o outro é feito da mesma massa que nós. Cuidar e ser cuidado é a dobradinha de ouro rumo à civilização, que parece cada vez mais distante.

Por fim, mas sem esgotar o tema, vá ao teatro. Por quê? Pois se trata da principal experiência coletiva na qual o outro

Dicas para enfrentar o mal-estar 217

nos invade tentando ultrapassar, pela poética, nossa obsessão pelo sentido. O teatro tem algo embaraçoso, que ultrapassa o cinema. O corpo a corpo com os atores em tempo real — com direito a falhas e ao constrangimento de se deixar emocionar e ser visto por quem te emociona — enaltece nossa fragilidade ao invés de escamoteá-la.

Um governo com pretensões de cuidar, acolher e escutar nossa humanidade tem o dever de investir nas artes. A prova é que todos os governos fascistas, sabendo ou intuindo o que está em jogo, perseguem os artistas.

Fica a dica.

67. E se deitássemos o Brasil no divã?

FREUD ESCUTOU DORA (Ida Bauer), uma jovem de dezoito anos com sintomas histéricos, que se queixava ao pai das investidas de um homem mais velho. O pai fazia vista grossa, pois tinha um caso com a mulher do dito-cujo. O quatrilho formado pelo pai, pela mãe, pela amante do pai e pelo tiozão do pavê, que a assediava, a enredou no auge de seus questionamentos adolescentes sobre o amor, o sexo e sobre ser mulher. Coube a ela produzir os sintomas que permitiram que fosse escutada.

A genialidade de Freud aparece na forma como ele busca implicar Dora em seu próprio sofrimento. Pai cínico, mãe omissa, amante resignada e marido canalha usavam claramente a jovem em seu enredo amoroso, mas, ainda assim, era fundamental que ela pudesse assumir qual parte lhe cabia nesse latifúndio. O que capturava Dora nesse jogo erótico e com o que ela se identificava ao permanecer nele? A chave para tirar o paciente do vitimismo, sem negligenciar o enredo do qual faz parte, é ajudá-lo a reconhecer para si mesmo o que ele fez com os limões que a vida lhe deu.

Rios de tinta foram derramados na discussão desse caso considerado fundamental nos estudos sobre histeria. (Dica: existe uma edição caprichadíssima dos cincos casos publicados por Freud: *Histórias clínicas: Cinco casos paradigmáticos da clínica psicanalítica*, 2022.)

E se deitássemos o Brasil no divã?

E se o paciente fosse o Brasil, saindo do lugar de bebezão deitado em berço esplêndido em direção ao divã? Imagino que chegaria ao consultório contando as infindáveis violências e injustiças que sofreu e sofre, capazes de fazer lacrimejar o analista mais experiente. Mas se fosse experiente mesmo, o analista deveria, como precondição para começar uma análise, implicar o Brasil em sua própria queixa. Fazê-lo reconhecer que o sintoma do qual se lamenta foi construído, paradoxalmente, para esconder, mas também para denunciar, sua verdade.

O Brasil contaria a história de sua família, na qual o patriarca branco violenta a mulher indígena, mata seus parentes, para depois escravizar pessoas negras a quem violenta sucessivamente. Contaria da chegada de outros brancos, que mesmo não participando desse início, continuaram a se beneficiar dele e a reiterá-lo infinitamente. É uma história triste, que o paciente jura que é passado e que não tem nenhuma relação com a desgraceira da qual se queixa: violência, injustiça social, racismo, misoginia. Seja branco, negro ou indígena, o Brasil não quer saber como se formou sua família, porque os rastros dessa violência não estão longe, mas na mesa de jantar, à sua frente, hoje.

Ver-se implicado na manutenção do horror que se imputa ao passado é doloridíssimo, por isso o desejo de ser curado do sintoma vem com o pedido mágico de não ter que mudar nada. Mas se engana quem pensa que dá para fazer esse arranjo com o sintoma e sair ganhando. O analista não tem como compactuar com essa fantasia, porque não há cura sem o confronto com a verdade. Assim como não há cura sem algum ganho de liberdade. O sintoma deve ser tratado, mas sua mensagem não pode ser apagada, sob pena de repeti-lo eternamente com outras roupagens.

68. O trabalho com pessoas que gestam

EMBORA JÁ SE TENHA GASTADO tempo considerável com a discussão sobre "pessoas que menstruam", o risco criado pela falta de esclarecimento exige um esforço a mais.

Se você pretende promover uma campanha antitabagismo, você a direcionaria a fumantes em geral ou a mulheres cis, trans, homens cis, trans, negras, pobres... que fumam? É claro que uma campanha bem-feita leva essas diferenças em consideração para melhor atingir diferentes públicos, mas o posto de saúde deve distribuir adesivo de nicotina aos "fumantes" ou usamos a lista de identidades acima?

Trabalho com pessoas que gestam e parem. Por que não digo com mulheres? Porque não se trata de uma identidade, mas de uma experiência corporal que atravessa identidades. Diante da experiência da gestação terei mulheres cis, homens trans, não binários, brancos, negros... Então, se pretendo oferecer atendimento a essa população posso utilizar todas essas nomenclaturas ou posso fazer um apelo realmente inclusivo no qual a característica comum que os une é nomeada. Ou seja, trata-se de nomear aquilo que atravessa as identidades justamente por elas não serem definidas pelas características anatomofisiológicas.

A Associação Nacional de Travestis e Transexuais (Antra) aponta que para as questões da corporalidade que, justa-

O trabalho com pessoas que gestam 221

mente, independem da identidade, se utilize o denominador corporal comum: menstruação, próstata, gravidez. Enfim, usar a anatomia e a fisiologia sob o guarda-chuva da corporalidade evitaria terríveis constrangimentos e até mesmo falta de acesso a serviços de saúde básicos sob falsos pretextos. Vale lembrar o belíssimo trabalho que algumas ONGs vêm fazendo contra a pobreza menstrual e que nos alertam para o fato de que não se trata de levar absorventes para mulheres cis, mas para pessoas que menstruam; ou oferecer exames de próstata para homens, mas para pessoas que têm esse órgão.

A polêmica parte de dois equívocos. Um vem da falta de conhecimento sobre o tema, afinal, estamos todos aprendendo. Essa é a parte que um pouco de letramento pode resolver.

Mas seria ingenuidade acreditar que a recente discussão nasce tão somente de uma simples incompreensão. Infelizmente, o segundo equívoco é bem mais pernicioso e se alimenta de factoides.

Trata-se da querela pelo direito ao uso dos significantes mulher e homem, branco e negro, risco inerente das pautas identitárias. No bojo da luta por direitos, que só fazem sentido se tiverem como alvo final a solidariedade entre humanos, conquistas identitárias estão sempre sob ameaça do narcisismo das pequenas diferenças. Quem é mais mulher, quem é mais negro, quem é mais subalternizado? Risco que Judith Butler já apontava na década de 1990, antecedida por Foucault, Malcolm X e outros.

A captura da luta identitária pela lógica neoliberal e pela ideia de que haveria alguma consistência sobre os significantes (mulher, homem, negro...) apaga a realidade concreta dos sujeitos e parte da crença de que se poderia homogeneizar suas experiências e hierarquizá-las. Como se a meta não fosse uma sociedade mais inclusiva, mas apenas guetos a se digladiarem infinitamente para ver quem leva a melhor no final.

O feminismo se fortaleceu com as críticas dos estudos queer, ampliando seu escopo de inclusão e legitimação da liberdade identitária e sexual. Se ignorarmos seus aportes, corremos o mesmo risco de nos tornarmos tão anacrônicas quanto as feministas brancas que achavam que o sufrágio universal resolveria a questão "das mulheres". A estratégia identitária tem que ter como horizonte a solidariedade e a inclusão de todes.

Essa discussão não pode ser ofuscada por haters, cancelamentos e unfollows, pois o assunto afeta a vida concreta de milhões de pessoas e merece que o que está em jogo seja esclarecido. A cultura do "fulanismo", na qual quem diz ofusca o que é dito, é um risco a mais para o diálogo.

69. Bem-vindos de volta à escola, pais

FIM DAS FÉRIAS É O "credo que delícia" dos pais que passam a ter o apoio da escola no cuidado com os filhos ao mesmo tempo que precisam sustentar uma rotina que faz lembrar controle de tráfego aéreo. Deixar filhos na escola implica um ato de fé e confiança nos professores, nos diretores, nos funcionários, nas demais crianças e nos próprios filhos. Será que todos se comportarão bem? Provavelmente sim, mas não o tempo todo, claro.

Os pais hoje entregam os filhos na escola de forma bem diferente do que faziam décadas atrás. Embora sempre tenha existido tensão entre instituições de ensino e família, a cobrança por performance e o ideário individualista têm levado a segunda a fazer uma marcação cerrada sobre a primeira. De olho no desempenho apenas da própria criança e pouco sensíveis à ideia de comunidade de ensino, pais têm feito apostas bem arriscadas para o futuro dos filhos.

As boas intenções que os movem — me dirijo aos pais bem-intencionados, claro — são atravessadas por valores que muitas vezes resultam no oposto do que se espera. Está aí a geração "nem, nem", de jovens que "nem" estudam "nem" trabalham, para revelar com sua atuação (ou na falta dela) um sintoma do empuxo à produtividade, do acúmulo de bens descartáveis, do "empreendedorismo de si", da meritocracia negacionista e outros abacaxis que nossa época nos legou para descascar.

A relação dos pais com a escola é fundamental para que exista uma comunidade de ensino e que ela cumpra sua função. A questão é saber se estamos minimamente de acordo sobre qual seria essa função. Porque se não for para criar cidadãos que exerçam, com suas competências únicas, sua parte numa sociedade da qual dependem e que depende deles, nosso projeto é, para dizer o mínimo, a derrocada coletiva. Assim como as mudanças climáticas não precisaram aguardar as próximas gerações para se fazerem sentir, os casos de depressão e ansiedade medicalizados ou não entre crianças e jovens em idade escolar explodem, nos alertando que o futuro é hoje, seus efeitos já estão aí.

Os pais nunca foram tão bem-vindos à escola, diria mesmo que se tornaram imprescindíveis na luta contra a ameaça perene que paira sobre os coletivos em nossa sociedade. Mas a sua participação não pode reproduzir aquilo mesmo que promove tanto sofrimento, imprimindo um caráter individualista, autocentrado, competitivo e demandante na sua participação.

Escolas tampouco podem se fechar à contribuição das famílias, na condição de que não o façam por chantagens financeiras. Na carteirada do "você sabe quem paga isso aqui?", que se ouve de alguns pais hoje, sugiro que respondamos: as crianças! São elas que pagam com sintomas e desorientação quando o corpo escolar se esfacela deixando-as divididas e expostas.

As crianças, por sua vez, ávidas por testar todos os limites a que têm direito para se certificarem de onde estão pisando,

Bem-vindos de volta à escola, pais

são mestres em fazer intrigas entre os diferentes sujeitos responsáveis por sua formação. Tomar o lado da criança é tomar o lado da comunidade de ensino, renovando a aposta nessa pequena e protegida amostra do que o mundo adulto lhe reserva. Se ali ela não se sentir estimulada a enfrentar injustiças com seus recursos, fica difícil supor que terá coragem de se virar no mundão que a espera. A escola não é um lugar livre de problemas, longe disso, mas é o lugar onde se aposta nas formas mais elevadas de se lidar com eles.

Bem-vindos de volta à escola, pais! Ocupem seus devidos lugares.

70. Em busca do clitóris perdido

Queixas recorrentes sobre a dificuldade masculina em encontrar a peça-chave do prazer cis feminino costumam estar associadas à falsa ideia de que se trataria de uma estrutura recém-descoberta pela ciência. Some-se a isso o fato de que encontrar o dito-cujo tampouco resolve o problema. Uma vez lá, há que se "saber o que se fazer com".

Em se tratando de algo a ser procurado numa área de poucos centímetros e não num continente inteiro, sugiro que não desistam. "Continente negro", para aplicar a expressão exata que Freud usou ao comparar o mistério da feminilidade com a África — região considerada exótica aos olhos dos europeus.

A desculpa esfarrapada de homens para sua dificuldade em lidar com o clitóris pode ter relação com a amnésia seletiva com que os cientistas modernos trataram o órgão. Thomas Laqueur, em *Inventando o sexo: corpo e gênero dos gregos a Freud* (2001), descobre nos manuais das parteiras do século XVII o esmero em explicar como alcançar o orgasmo feminino, tido como condição necessária para a concepção. O historiador mostra que estrutura e função do clitóris já eram bem conhecidas desde a Antiguidade e a transmissão desse saber era disseminada. Laqueur é contrário à hipótese de que se tratava de peça anatômica desconhecida e enigmática. O historiador

Em busca do clitóris perdido 227

aproveita para apontar que Freud foi responsável por acrescer um fato novo ao encobrimento do clitóris.

Desde a obra-prima "Os três ensaios sobre a teoria da sexualidade" de 1905, o inventor da psicanálise propõe que existiria não um, mas dois tipos de orgasmos: o clitoriano e o vaginal. Mais do que isso, e com repercussões bem mais sérias, ele postula a teoria de que o prazer clitoriano da menina deve dar lugar ao prazer vaginal da mulher. Ou seja, o desenvolvimento normal da mulher seria no sentido de abrir mão de um órgão demasiadamente masculino (o clitóris seria a versão reduzida do pênis) em proveito de um órgão especificamente feminino (a vagina). Assim a mulher provaria ter renunciado à sua identificação infantil com a masculinidade, e os casais adultos — casados e heterossexuais, claro! — seriam felizes para sempre.

Daí em diante, o tema foi ladeira abaixo, dando munição para a teoria da inveja do pênis. Teoria que retorna a cada vez que uma mulher reivindica seu lugar na fila do pão, numa sociedade que a considera ser humano de segunda classe.

Antes de sapatear sobre o túmulo de Freud, lembremos que sua teoria é a culminância de uma longa sequência de eventos que começam na modernidade e que colocaram em questão o prazer feminino. Quando se tornou conveniente argumentar que a mulher, que lutou ao lado dos homens na Revolução Francesa, não era tão igual a eles a ponto de merecer ser incluída no lema "igualdade, fraternidade e solidariedade", a ciência não se furtou a contribuir com teorias que a tornavam o outro e incomensurável sexo.

Para que dividir o butim das conquistas da revolução com a mulher? O jeito era provar "cientificamente" que elas são opostas e complementares aos homens em todos os quesitos. Para começar, mal se sabe se gozam ou mesmo se sentem algum prazer. Quando o fazem, cabe avaliar se é um gozo apropriadamente feminino ou uma tentativa condenável de emular o prazer masculino — cereja freudiana do bolo.

Moral da história, se os desavisados ainda precisarem de ajuda para saber onde fica e como promover a ereção do clitóris e dos orgasmos cis femininos, podem apelar para a reedição de manuais do século XVII.

Agora, se é para usar esses fatos para esculhambar Freud, não recomendo. Sugiro que se espere mais 120 anos para conferir se teremos feito melhor. Como se diz, é fácil enxergar longe quando se está em pé sobre os ombros de um gigante.

71. O Carnaval é o futuro

MAL PISAMOS NO BLOCO E, feito Maomés, dividimos mentalmente o mar de gente entre homens e mulheres. Avaliamos automaticamente a faixa etária, a classe social, a dita raça e por aí afora. A partir dessas coordenadas, separamos o desejável do indesejável ou perigoso demais. Classificar o outro é uma estratégia para tentar garantir quem somos na fila da serpentina.

Nos sentimos feios numa festa de gente linda, mais ou menos jovens a depender da média de idade, ricos ou pobres conforme a ostentação. Ao classificar quem são os outros buscamos esquecer que nosso *eu sou* tem a firmeza de um pudim.

Acontece que o Carnaval é um jogo de pistas falsas, no qual as coordenadas estão propositalmente embaralhadas, seu frisson passa pela suspensão dos parâmetros conhecidos. Como escreveu Assis Valente, "beijei na boca de quem não devia, peguei na mão de quem não conhecia". O fato de ter data para acabar permite que a brincadeira corra solta. Salvo casos notórios, a ressaca moral não alcança a festa do ano seguinte.

E se os marcadores que nos ajudam a saber *quem somos* se tornassem permanentemente borrados também no resto do ano, explicitando a qualidade gelatinosa do que chamamos de "eu"?

Traídos pelo desejo, de Neil Jordan, escancara o choque do encontro com o desejo quando as balizas de gênero são suspensas. Desejar algo diferente do que a vontade consciente nos impõe é estranhar-se, portanto, a coisa não vai sem angústia. E, com ela, a oportunidade de ouro de ocupar-se com o que paira em nosso inconsciente.

Riobaldo amava Diadorim sem saber o que se revelaria sobre a segunda. Se a imaginava homem, qual foi o traço distintivo que capturou o jagunço? Desejar alguém sem saber o que está sob o figurino nos obriga a admitir que o desejo sempre se dá alhures.

É isso que os jovens explicitam quando demonstram que gênero e orientação sexual são bordas fluidas e não muros. São pessoas cujo corte de cabelo, barba, roupa, maquiagem, trejeitos nos deixam sem saber qual pronome lhes cabe. Perdemos as marcações que nos permitiam ler, não sem erros crassos, nosso lugar no páreo da disputa amorosa. Sem saber em que caixinha colocar o outro acabamos nos sentindo *fora da caixinha*.

A heteronormatividade escamoteia o fato de que o amor entre homens e mulheres não esclarece o que se ama em cada homem ou em cada mulher. Ela promove a falsa ideia de homogeneidade do desejo.

Ao revelar a inconsistência do desejo, os jovens promovem angústia e recebem como resposta inúmeras violências. Entre elas, a nostalgia de um tempo em que a ditadura buscava controlar o irrepreensível do desejo humano. Período no qual corpos ficavam à mercê de tarados que mal disfarçavam o gozo que extraíam da tortura. O gozo disfarçado de ordem e progresso é um exemplo típico do prazer perverso, que se dá à revelia do desejo do outro.

O Carnaval parte da premissa oposta: da liberdade de ver e ser visto, de desejar e ser desejado, onde não pode existir nenhum espaço para o abuso ou para a sujeição. Ele é o antídoto aos porões, é a celebração da vida e da sexualidade que nos move. A festa de Momo fere o moralismo na mesma medida em que é sustentada pela ética do desejo e da responsabilização absoluta sobre quem se pode ser.

O Carnaval é o futuro.

72. Uma facada no coração da escola

A ESCOLA É PARA A NOVA GERAÇÃO o tubo de ensaio das relações sociais. Cada aluno que entra nela representa uma certa parte da sociedade com suas crenças, raça, hábitos, gênero, condições financeiras, opiniões, preconceitos. O encontro entre alunos, professores, pais e funcionários da escola é o encontro dessas diferenças nunca isentas de choque. Na escola se reproduzem os atritos dos espaços sociais mais amplos, portanto, não há como sonhar com uma escola livre de bullying, misoginia ou racismo, pois ela é palco do que ocorre fora de seus muros.

Mas há uma diferença fundamental. A escola tem por prerrogativa criar espaços de reflexão sobre a realidade, mediar conflitos e questionar o que se transmite. Longe de reproduzir o discurso social sem pensar, a comunidade de ensino se pretende um ponto de inflexão, um espaço de questionamento.

Daí que os regimes autoritários são ciosos em controlar as escolas, pois elas podem colocar em questão o próprio autoritarismo. Onde cada um pensa com a própria cabeça, onde impera a ética, fica difícil formar um exército de paus-mandados, incapazes de discernir o real do fictício. Na escola, a Terra nunca será plana.

Sendo um espaço tão especial, ele é depositário de grandes expectativas. Quem não se emocionou ao levar os filhos para

Uma facada no coração da escola 233

a escola pela primeira vez, lembrando das amizades, dos professores, da autonomia adquirida? Ao mesmo tempo, cada vez mais crianças têm dirigido ao ambiente escolar os gestos mais violentos: agressões, suicídios e assassinatos. Fato epidêmico nos Estados Unidos da América que o Brasil parece querer mimetizar por influência das redes sociais, somado ao recente incentivo ao uso de armas para resolver conflitos em nosso país. Que recado desesperado é esse que vem na forma de ato, mas também de pergunta? Quando foi que a escola passou a ter que dar conta do que nenhum outro espaço parece estar sendo capaz de escutar?

A escola não tem como resolver uma sociedade desmantelada pelas redes sociais, violentamente polarizada, que ruma sem pudores para a autodestruição. Seus limites são tão claros quanto sua potência. A escola é espaço de transmissão e de escuta, de observação e de intervenção junto ao aluno. Ela não prescinde do apoio das famílias e do Estado visando não apenas conteúdos, mas as competências socioafetivas. Alunos, professores, funcionários e pais precisam se orientar pelo bem comum, na contramão de tudo que a sociedade tem pregado atualmente.

Um adolescente de treze anos apunhala e mata a professora Elisabeth Tenreiro em sala de aula, fere colegas e outros professores. Ele é contido por mulheres corajosas, ciosas em proteger os demais. Não esqueçamos que uma criança ficou na sala para acudir a professora Elisabeth. Não esqueçamos esses gestos, caso contrário ficaremos siderados pelo horror e esqueceremos da complexidade humana.

Esse é o momento de cuidar dos feridos e fazer o luto de uma perda irreparável. A escola continuará sendo o lugar no qual a sociedade revela sua melhor e sua pior faceta, não há como ser diferente. Mas ela é um dos últimos lugares que se propõe a lidar com isso da maneira mais democrática e humana possível. Precisamos garantir que ela continue a ter condições de fazê-lo com nosso apoio.

Agora é o momento de parar e escutar o que não foi possível escutar de outra forma. Recuperar o que falta sempre que se passa ao ato tresloucado: o diálogo.

Competência cada vez mais rara diante do apelo às armas, o diálogo é matéria-prima que sustenta a escola.

73. As fases dos cuidados com os filhos

ANTES DE ENTRAR NO TEMA do cuidado dos filhos, quero deixar claro que sou totalmente avessa a teorias que imputam às mães qualquer poder sobrenatural para cuidar. Se adquiriram tamanha proficiência, isso se deve à transmissão de conhecimentos entre gerações, expectativas sociais, experiência sendo cuidadas, identificações de gênero e muito treino. Insisto nisso para não fazer coro com ideais que consideram que a mulher tem poderes sobre-humanos no cuidado com os filhos, livrando a cara dos demais responsáveis.

Ainda assim, as mulheres têm sido as pessoas que se ocupam do corpo das crianças desde seu nascimento. Elas aprendem a sentir o bafo, ouvir chiado, examinar as fezes, a cor da pele, avaliar temperatura, vivacidade, expressões de tristeza, alegria, sono, fome, medo, excitação muito antes de o especialista começar a dar pitaco. Aliás, como sugeriu Winnicott, a depender da forma como entra o especialista, toda essa sensibilidade pode ficar inibida, gerando uma grande perda de competências adquiridas.

Embaladas na experiência de cuidar de bebês ou crianças pequenas sozinhas, engatamos uma segunda marcha e seguimos escrutinando o corpo deles, agora separado do nosso, buscando adivinhar o sentido oculto em cada suspiro e balbucio. Quando não nascem do nosso corpo, fazemos o mesmo, não há vantagem nem desvantagem, só desafios. Aqui, todos os caminhos levam a Roma. Em geral, cuida-se dos filhos nesse nível por umas duas décadas, ainda que cada vez com mais restrições de acesso ao corpo deles.

A separação de corpos é uma das passagens cruciais dos cuidados ditos maternos, esses nos quais as mulheres se especializaram. Essa separação começa lá atrás, quando o bebê se recusa a aceitar o que vem dela, deixando claro que o corpo é dele, que devemos cuidar, mas com moderação. Aos poucos a criança impõe mais limites à ingerência da mãe.

Mas o exame médico, psíquico e pedagógico das mães continua a operar ao longo da vida com seu radar sobre a saúde e o humor. Nem bem tomou o café da manhã e ela já checou o sono, a alimentação, a disposição do pimpolho, mesmo na casa dos vinte e tantos anos. O processo costuma ser inconsciente e decorre da absoluta responsabilização que encarnamos no trato com eles e do amor, claro.

É óbvio que comemos inúmeras bolas, até porque nem sempre queremos saber o que se passa. Principalmente quando é algo que vai na contramão de nossas expectativas, ocasião na qual nosso excesso de afeto e proximidade nos impedem de enxergá-los. Nesse momento, tios, comadres, professores e terapeutas são ainda mais bem-vindos.

Enquanto a tirania do bebê impera, não há gratidão do lado da criança — e Deus sabe que nos piores casos a ingratidão pode durar a vida toda! Com a maturidade se espera algum reconhecimento e reciprocidade.

Confundindo cuidado com maternidade, há quem pense que sem a "titular da pasta" a infância fica comprometida. A resposta é, simplesmente, não. O que importa é a qualidade

As fases dos cuidados com os filhos

do cuidado e a dignidade com o qual é assumido. Muitos pais, avós e tios sabem exatamente sobre o que descrevo aqui, e podem atestá-lo.

Como parar de se ocupar, cuidar e se preocupar ostensivamente depois de décadas? Com certo alívio de não ter mais que se dedicar integralmente a eles. Mas também com grande remanejamento da libido empenhada numa tarefa que se confunde com a própria juventude das mulheres. Essa operação bem-vinda se chama luto.

Ao se separarem dos filhos, terão a chance de descobrir que tipo de "cuidadores de si mesmos" eles se tornaram.

Pergunta que as mães também terão que responder sobre si mesmas.

74. Tire a camisa da empresa

Faz algum tempo que a palavra família circula no mundo corporativo como se fosse a coisa mais natural do mundo. A analogia traz algumas contradições interessantes. É difícil imaginar uma família na qual todo mundo trabalha suado pelo luxo extremo de poucos. Geralmente acontece o contrário, os pais se esfalfam para dar conta da penca de filhos e idosos sob seus cuidados. Isso significa que os mais frágeis, em condições de maior dependência, são os mais assistidos. Nada mais inapropriado para pensar as empresas e sua lógica cumulativa de distribuição ultradesigual.

Laços familiares seriam baseados em amor e abnegação, mas, sejamos honestos, quantos colegas te doariam um rim? A competição e a cooperação são próprias das relações entre parentes, principalmente irmãos, mas as rasteiras que ocorrem nas empresas só são comparáveis ao que se passa em famílias notáveis pela disfuncionalidade. Se empresa fosse família seria aquela na qual era melhor não ter nascido, como em *Succession* (2018), *The Crown* (2016) e outras encenações da família-empresa. Aquela na qual você vende a alma para permanecer no jogo e não consegue mais sair por não ter alma para se sustentar fora dele.

Chefes abusivos, injustos ou sacanas e empresas com objetivo de extorquir a força de trabalho em troca de um contrato

Tire a camisa da empresa

mal remunerado e sem garantias são a regra, mas essa não é a única fonte de sofrimento. Um dos maiores ataques à saúde mental é o não reconhecimento da experiência, o desmentido que nos faz duvidar de nós mesmos. Nesse caso, muitas vezes, o sujeito só consegue responder com o sintoma. A negação da exploração — embutida na ideologia da empresa-família — é tão preocupante quanto as más condições de trabalho.

Adoecer pode ser uma saída honrosa para uma situação indigna de trabalho. Inclusive o glamourizado: como posso estar sofrendo quando trabalho numa empresa que tem mesa de pingue-pongue, sala de pufes, horários flexíveis, e uma decoração de parque de diversões? Não é o que todo mundo queria? Para muitos resta a saída pelo diagnóstico de depressão e ansiedade. Ele surge como misteriosas condições trazidas pela falha dos neurotransmissores. Se está tudo bem e eu estou mal, devo estar fazendo algo errado. Faltou ioga, sal do himalaia, meditação, psicanálise, triathlon! Poucos se perguntam se faz algum sentido trabalhar num esquema no qual se é totalmente descartável ao mesmo tempo que se vende a ideia de alegria, trabalho coletivo e meritocracia.

Quando as pessoas se queixam que a geração Z é menos propensa ao mercado de trabalho atual e à aquisição de patrimônio, esquecem de se perguntar ao que esse comportamento responde. São jovens que viram os mais velhos se dedicarem ao trabalho de forma insana para chegarem à velhice com poucas perspectivas de uma aposentadoria decente. O tempo de aproveitar a vida, esse que se projeta para depois da árdua jornada em busca de estabilidade, se mostra pouco promissor para essa geração.

Outra questão é que o acúmulo de bens, tão valorizado entre nós, não se organiza mais no eixo carros-imóveis-previdência. Os jovens já não se imaginam lutando anos pela aquisição cada vez mais improvável desse patrimônio. Sendo geração que entendeu que o fim do mundo está sempre à espreita, só lhes resta viver o agora.

Por fim, se empresa fosse família, funcionários herdariam algo no final. Mas no mundo da uberização, nem indenização se pode esperar.

Ambientes saudáveis se fazem com justiça, lealdade e transparência. O resto vale tanto quanto o copo de plástico no churrasco da firma, no qual a carne servida é sempre a do funcionário.

75. Nostalgia de um passado idílico

NÃO SÃO RARAS AS HISTÓRIAS de um período da juventude no qual se teria vivido o auge da vida. As repúblicas estudantis, a garagem na qual se faziam os primeiros ensaios de uma banda, atores lembrando os perrengues do início de carreira, viagens pelo mundo sem dinheiro, histórias que sempre retornam na conversa adulta em tom nostálgico.

Elas remetem a um período no qual o jovem estava começando a se conhecer para além das expectativas familiares e a se experimentar diante de desafios que serviram para revelar o quanto ele podia contar consigo mesmo. Sexualidade, autonomia, valores, competências e limites: o salto em direção a si mesmo é considerável. A coisa não vai sem medo, choro e ranger de dentes, caso contrário, não seria um processo de transformação, apenas uma experiência cosmética.

Trata-se de um período no qual a ostentação financeira é vista com maus olhos, pois ela só revela o que a família de origem amealhou e não o que o jovem chegou a conquistar. Esse momento de exceção na feroz lógica capitalista permite desfrutar de relações de camaradagem sem o peso do "você sabe com quem está falando?" que costuma aparecer depois.

Longe do familiar, vivendo a ideia de futuro em aberto e sem o peso do status financeiro, as relações entre os jovens acabam por se concentrar na lealdade e nas trocas mais íntimas, que dependem da criação de laços de confiança e solidariedade. Passado esse período, cada um segue seu caminho e assume seu posto diante do seu desejo e a partir das contingências que a vida impõe.

A assunção da vida adulta, na qual se faz a negociação entre o projeto sonhado e o que foi realizado, é tema de inúmeras obras de ficção (super recomendo a adorável série *Somebody, somewhere*, de Jay Duplass, 2022). A fantasia de uma juventude idílica ocupa diferentes lugares na maturidade, ora servindo de inspiração, ora puxando o sujeito para uma melancolia paralisante. O que está em jogo na última é a assombração de uma vida paralela que teria sido idílica, mas não foi à revelia do sujeito.

A psicanálise, no entanto, não dá toda essa "colher de chá" para o nostálgico. As contingências da vida — que muitas vezes usamos de desculpa — nos fizeram tomar infinitas decisões e assumir posições. Essas decisões revelam nossos desejos inconscientes, pois elas apontam se o sujeito pagou o preço de bancar seu desejo ou se ele se alienou ao que supôs que os outros esperam dele, ou seja, ao desejo do outro. Desejar algo para além do que os pais alcançaram ou ir na contramão das expectativas deles envolve um custo narcísico considerável. Desejar algo que possa colocar o psiquismo à prova, também.

Temos, por outro lado, as circunstâncias que nos impedem de realizar algo para o qual estávamos empenhados de corpo e alma, como as guerras, as doenças, as pandemias, as derrocadas econômicas, a vulnerabilidade social, o gênero, a raça. Tudo isso causa enorme sofrimento e frustração e o luto que decorre desses impedimentos externos deve ser feito para que o sujeito siga sua vida criando novos caminhos para si. No

Nostalgia de um passado idílico   243

entanto, não é aí que a nostalgia se esconde. É o sonho não realizado, por alienação e por medo, que mantém o sujeito em dívida, preso na fantasia do que poderia ter sido. Para escapar disso só resta assumir eticamente o que foi possível e se reconciliar consigo mesmo.

Além disso, acreditar que o futuro só esteve em aberto na juventude é uma fantasia comodista e alienante, que mantém o sujeito repetindo no presente o que ele supõe que seja uma escolha do passado. Enquanto estivermos vivos, a repetição e a ruptura continuarão a ser de nossa inteira responsabilidade.

76. A arte de calar a boca

PIERA AULAGNIER FOI UMA PSICANALISTA que nomeou lindamente a função dos cuidadores junto aos bebês usando o conceito de "violência da interpretação". A palavra violência não está aí à toa e revela o paradoxo da situação. Não se trata de algo ruim que deva ser erradicado, mas da contradição própria que decorre de alguém ter que fazer a voz da criança, enquanto ela ainda não se apoderou da própria fala. Daí que Aulagnier chame os cuidadores nos primórdios de "porta-vozes", pois são eles que dirão se o bebê "está com frio", "com fome", "precisa de colo", "ficou com ciúmes" e outros palpites, que funcionam por tentativa e erro. Longe de imaginar que pais e mães deveriam saber o que o bebê quer de fato, o que se espera deles é que estejam atentos e implicados o suficiente em tentar atender a criança. Ainda que seja consolando-a por não conseguir descobrir o que ela quer.

Nada impede, no entanto, que o pedido de colo erroneamente interpretado como fome acabe por ser apaziguado na amamentação, dando a falsa impressão de que se sabia exatamente a demanda do bebê. É assim que a coisa funciona e Deus nos livre de tirar essa incumbência dos pais, desautorizando-os mais uma vez em seu papel de servir de anteparo entre a criança e o mundo. Cabe aos cuidadores essa ingerência nos primórdios.

A arte de calar a boca 245

Acontece que os filhos crescem e o exercício dificílimo de escuta, interpretação das suas necessidades e intervenção junto a eles tem que dar lugar a uma relação cada vez mais abstinente. É aí que a violência pode adquirir sua conotação negativa, quando ela nega os sinais claros da expressão da criança, ignorando-os. Existe uma diferença brutal entre dizer para a criança que ela não pode xingar, gritar ou bater e, por outro lado, dizer que ela não está com raiva.

A interpretação nunca se extingue totalmente, pois não basta a aquisição das palavras para que a criança aprenda a nomear seus desejos e necessidades. É infindável o percurso de nomeação do que vivemos. Aliás, ajudarmos uns aos outros a colocar a vida em palavras é uma tarefa perene das relações humanas, claramente presente nas boas amizades.

Com o tempo, a rua passa a ser de mão dupla, com os filhos dando a real do que pensam sobre nós. Esqueça a propaganda enganosa de relação horizontal, de igual para igual, entre pais e filhos que se tornariam amigos. Relações entre pais e filhos podem ser suficientemente gratificantes sem que precisemos compará-las com amizades. As prerrogativas são outras e não há demérito algum nisso.

A busca por proximidade e intimidade é uma marca da geração atual de pais. Mas preservar a relação nos anos nos quais separação e autonomia são imprescindíveis — adolescência e vida adulta — não é tão fácil. Há que se deixar obsolescer, deixar cair. Se você quer ouvi-los, base de qualquer relação próxima, há que silenciar.

Daí que toda nossa experiência, que nos parece tão fundamental de ser compartilhada, cairá em total descrédito se não for demandada. E mesmo quando nos pedem a opinião, vale ficar de sobreaviso, para não cairmos na armadilha do conselho que só serve para se fazer o contrário.

Sair da "violência da interpretação" necessária para que um bebê se torne humano para o comentário abstinente é um exercício de respeito por quem está começando a viver a própria vida. Tem um quê de fazer das tripas coração e revela o tamanho da aposta em tudo que já foi feito até então: o que foi falado e, principalmente, o que foi demonstrado em ato.

Não podemos ser tão arrogantes a ponto de imaginar que a vida adulta seria impossível justo na vez deles, nos tornando imprescindíveis para sempre. Fantasia onipotente de quem não sabe a hora de passar o bastão, pondo o time a perder.

77. Os tempos da família

Os melhores casamentos se fundam nos mais frágeis laços, pois, como já alertava Rubem Alves em *O retorno e terno* (1992), o casamento baseado no amor é capaz de se desfazer em nome do bem do outro. Já o baseado em ódio e ressentimento pode se estender infinitamente. Manter uma relação infeliz e odiosa responde a algumas demandas: ter alguém como desculpa de todos nossos desejos não realizados, curtir o lugar de vítima, reproduzir o casamento infeliz dos próprios pais, não ter que lidar com a inveja de ver o outro feliz ou ser invejado...

Enquanto o amor é magnânimo e visa ao bem do outro tanto quanto de si mesmo, o ódio carrega uma tensão capaz de preencher uma vida isenta de graça própria. Daí que para lidar com as desculpas de casais infelizes que se odeiam, mas não se separaram "em nome" da família e da estabilidade financeira, é necessário escutar outros lugares nos quais esse nó pode estar atado.

Os casais que se juntam acabam por forçar o parentesco entre suas famílias de origem. Talvez adotem ou coloquem outras pessoas no mundo, gerando o fundamento de novas famílias. Mas as infindáveis combinações de relações familiares que advêm daí podem desembocar na falta absoluta de afinidade e interesse comum, haja vista o Fla-Flu familiar entre bolsonaristas e lulistas.

Mesmo rachadas, as famílias compartilham uma história comum, sejam felizes ou trágicas (em geral, são um pouco de cada um). Nas trágicas se compartilha os lutos feitos e os não feitos. No primeiro caso, os laços têm mais chance de se estreitar, pois o luto trabalhado libera a libido para circular novamente em direção aos entes queridos. Nos casos nos quais os lutos não se realizaram parcial ou completamente, o traço melancólico toma a frente e os afetos, mesmo amorosos, vêm carregados de uma tristeza que perturba o encontro.

Resta saber, para cada um, de que luto se trata. A perda de um ente querido, da fantasia de família perfeita, da onipotência dos pais, da infância idílica, enfim, muitas são as perdas não elaboradas que impedem os afetos amorosos de circularem e as pessoas de sustentarem uma convivência prazerosa.

As famílias, mesmo as mais bem resolvidas, têm seu tempo de iniciar, crescer e se extinguir, num ciclo de gerações que depende da descendência — cada vez menor —, das afinidades, da história e dos lutos comuns. Os mais velhos falecem, os mais novos se dispersam pelo mundo, dentre os quais muitos não terão filhos e, ao final, aquilo que começou como promessa de eternidade chega ao seu fim. Está aí um luto que precisa ser feito para que a família possa ser apreciada durante seu tempo de existência sem que a melancolia do fim anunciado tome a frente.

O maior risco das famílias está colocado pelo seu próprio fundamento: o modelo burguês que lhe serve de origem e norte. Nele, a família se fecha para o espaço público, controlando obsessivamente as relações que podem ou não ser agregadas ao núcleo central e tendo a manutenção do status social, do nome e do patrimônio como razão. Sua perma-

Os tempos da família 249

nência no tempo pode se estender, mas o fracasso afetivo é intrínseco a seu projeto.

Em julho de 2023 vimos a família de José Celso Martinez Corrêa celebrar sua vida por ocasião de seu velório: centenas de pessoas, inúmeros desconhecidos do próprio artista, cantavam, riam e choravam à volta de seu corpo. Quantos de nós teremos ao final cultivado uma família tão linda e generosa como essa, composta de parentes, amantes, amigos e desconhecidos? Até nessa hora Zé Celso nos deixa um ensinamento.

Quando o tempo da família ensimesmada e policialesca chegar ao fim só teremos o que celebrar. Evoé Zé Celso!

78. O autoelogio como palavra de ordem

A INTERNET ESTÁ COALHADA de vídeos nos quais crianças pequenas gritam frases sobre seu próprio valor, beleza e inteligência. As declarações são bem ensaiadas e ditas em tom de protesto contra quem diz — ou pensa sem dizer — o contrário. Um antídoto que os pais inventaram para a violência contra as meninas.

A graça das crianças e o prazer de vê-las tão felizes e autoconfiantes nos deixa com um sorriso nos lábios e explica a viralização dessas imagens. Boa intenção aqui não falta, mas os mal-entendidos já se fazem notar.

A constituição psíquica se dá a partir da experiência que culmina com a imagem de si. Tentando resumir os rios de tinta que a psicanálise acumula sobre tema tão fascinante, diria que tudo começa com o bebê experimentando seu próprio corpo enquanto é carregado, olhado, alimentado, escutado. Desde a perspectiva do bebê, trata-se de uma profusão de sensações que, a partir da relação amorosa e investida com os cuidadores, culminam no reconhecimento de si.

O caos psicodélico das sensações de prazer e desprazer dá lugar à descoberta de que existo eu e existem os outros. Isso nos leva à primeira "crise existencial": afinal, e se o outro me faltar? A criança que ia no colo de todos começa a se recusar a fazê-lo, a que dormia bem passa a acordar com frequência,

O autoelogio como palavra de ordem 251

enfim, não é fácil reconhecer que dependemos inteiramente da boa vontade de estranhos.

E o que sustenta esse salto a partir do qual eu me digo "eu"? A imagem de si nomeada pelos cuidadores. O bebê se vê refletido no espelho e no olhar dos cuidadores que dizem que esse é o bebê. Os cuidadores encontram no contato diário formas de demonstrar que reconhecem o bebê como um semelhante. Reconhecer-se, então, é sempre a partir do outro. Assim que nos descobrimos queremos saber qual nosso lugar na fila do pão, pois é na comparação com o outro que nos organizamos.

A imagem, portanto, é escorregadia e ao nos fiarmos nela construímos nossa casa sobre a areia movediça. São as armadilhas do Eu, que adora se definir como sendo assim ou assado enquanto o inconsciente dá o ar da graça para lembrar que o "eu" é apenas a ponta do iceberg da subjetividade. Quanto mais somos capturados pela imagem no espelho, mais instável é nosso psiquismo.

Estudos têm demonstrado como as imagens idealizadas das redes sociais são mais deletérias para as meninas. Automutilação, depressões e distúrbios alimentares, decorrentes da distorção da autoimagem, são pregnantes entre elas.

Entre o discurso autoafirmativo e a experiência subjetiva existe um abismo, que não pode ser ignorado. Glórias sociais não são suficientes para sustentar uma imagem inflacionada por palavras de ordem.

A autoconfiança, quando forjada de fora para dentro, não deixa espaço para o titubeio humano constitucional e revela as altas expectativas dos cuidadores.

Freud descobriu que o "eu" insiste em se autoafirmar no discurso manifesto na medida exata em que tenta escamotear aquilo que desconhece em si. O mesmo sujeito que jura "amanhã eu começo!" é aquele que não levanta no dia seguinte, revelando a divisão entre a promessa egoica e o inconsciente. Antes de tudo, é melhor descobrir em nome do que nos levantamos, afinal.

Fortalecer as crianças implica ajudá-las a reconhecer sua falibilidade, sem subestimá-las ou superestimá-las. Tarefa hercúlea dos cuidadores diante do narcisismo infantil. Mantras de autoenaltecimento têm como lastro nossa ilusão de completude. A potência humana não partiria justamente do reconhecimento de nosso desamparo estrutural? Essa é a aposta de uma análise.

79. A psicanálise, essa bobagem

Os cientistas de fins do século XIX se orgulhavam da correção de seus métodos. Cada vez mais regidos pela razão e pelas evidências, suas pesquisas buscavam se afastar da intuição e das superstições próprias dos períodos anteriores. Freud, jovem neurologista à época, era um entusiasta dos ideais iluministas, os quais nunca abandonou.

Mas no meio do caminho da ciência havia uma pedra chamada histeria. Conhecida desde a Antiguidade, o quadro já tinha recebido interpretações que iam da circulação do útero dentro do corpo feminino à influência dos demônios. A primeira hipótese batizou o fenômeno: *hystera*, em grego, significa útero. Sugiro o livro *Histeria*, de Silvia Alonso e do saudoso Mário Fuks (2005).

Gosto de um exemplo: o paciente apresenta uma paralisia total de um braço, que se encontra como um peso morto, insensível ao calor, à perfuração, sem qualquer reflexo, mas que "volta à vida" sem nenhuma explicação. Situação exasperante para um neurologista que não tem como entender a lógica entre essa paralisia e o que se sabe sobre o sistema nervoso.

Embora esteja presente em homens, foram as mulheres que levaram a fama de histéricas, enlouquecendo os doutores que não sabiam como abordar sintomas tão insólitos quanto inconstantes. Sugiro o filme *Augustine* (Alice Winocour, 2012) no qual vemos um Jean-Martin Charcot atônito e incansável tentando dar conta da incompreensível demanda de suas pacientes.

Daí a coragem de Freud em se perguntar a que lógica responderia esse e outros sintomas histéricos, que não a da ciência conhecida até então. A maior façanha de Freud foi sustentar com sua genialidade o desconcerto diante do não saber. Josef Breuer, o primeiro a tratar um caso de histeria com relativo sucesso, largou sua paciente Bertha Pappenheim falando sozinha quando os afetos da jovem ficaram densos demais. Sugiro *Estudos sobre a histeria* de Breuer e Freud (2016).

Dizemos que as histéricas fundaram a psicanálise à medida que Freud teve a decência de escutá-las, em vez de desacreditar seu sofrimento. Nesse processo, ele descobriu as leis do inconsciente, suas formas de expressão, seu tratamento e um campo de pesquisa centenário que modificou a forma como pensamos a nós mesmos e a cultura.

Dando um salto no tempo, vimos Lacan levar às últimas consequências a ética da escuta e do cuidado proposta por Freud. Para ele, o destino final do método iniciado pelo vienense não seria a erradicação do sintoma em si, mas o reconhecimento da alienação pelo próprio sujeito. Alienação que o sintoma denuncia e mantém, ou seja, aquilo que não queremos saber em nós, mas que carrega nosso desejo e nossas identificações mais primárias.

O fim de uma análise não é o fim dos sintomas, tampouco é o fim do desamparo inerente à nossa existência. Ela é o reconhecimento radical desse desamparo. E é a assunção de um jeito menos sofrido de lidar com ele. O fim de uma análise aponta para algo que nos irmana, pois não temos como ignorar que somos um entre outros humanos, igualmente desamparados. Sugiro *Maneiras de transformar o mundo* de Vladimir Safatle (2020), uma das mais acuradas descrições desse momento final e de seus efeitos políticos.

Nossos divãs estão repletos de médicos que sabem que a cura não é feita só de protocolos e que tanto a adesão ao tratamento quanto seus resultados são atravessados pela subjetividade dos profissionais e dos pacientes. Sugiro o livro *A ordem médica*, de Jean Clavreul (1980).

O tema da cientificidade da psicanálise é antigo e fascinante, mas nem tudo está à altura dessa discussão. Sugiro, por fim, o livro de Paulo Beer *Psicanálise e ciência: Um debate necessário* (2017).

80. O que é ser brasileiro?

Há um campo de tensões que chamamos Brasil e que se forma a partir dos povos originários, que já estavam no território, mas não eram brasileiros, pois o país ainda não existia; dos primeiros europeus que chegaram para dominar a terra habitada; dos africanos trazidos à força; e dos europeus, árabes e asiáticos que aportaram — e aportam — em múltiplas ondas migratórias. Nas relações de tensão dentro desse campo deve-se incluir o tesão transformado em violência entre os diferentes corpos, como nos lembra a antropóloga e grande interlocutora da psicanálise Lélia Gonzalez.

Ser brasileiro é ser apenas uma parte desse sistema aberto de relações étnico-raciais. Alguns de nós ouvem: "Você é brasileiro? Não parece?!". Mas, afinal, brasileiro parece com o quê?

O negro, símbolo da mestiçagem, é considerado "a cara" do país mas é, sintomaticamente, colocado no lugar de cidadão de segunda classe. O indígena é o "exótico" e se não estiver coberto de penas é tido como falso. O branco, que controla as narrativas sobre a formação do Brasil, sonha em ser tudo, menos brasileiro. A ascendência asiática e árabe é usada para desqualificar a brasilidade.

A título de exemplo, lembremos que o Brasil tem o maior número de descendentes de japoneses fora do Japão. São jovens

O que é ser brasileiro? 257

que não falam japonês, dificilmente visitaram o país de seus antepassados, caíram no samba e na feijoada há mais de um século, mas continuam a ser chamados de "japas" pelo fenótipo, não importando se são netos de coreanos, de chineses...

Brasileiro é negro, é índio, é amarelo, é branco? Até aqui, somos o resultado do que se passou entre todos esses grupos e também o resultado da negação da história e da cultura dos dois primeiros. No caso de indígenas e negros a ancestralidade precisa ser resgatada em cada detalhe. Para os brancos cabe reconhecer uma história comum que descaracteriza sua ancestralidade. Não se trata de negá-la, mas de retificá-la.

Quando estou na Itália, terra dos meus avós — que só conheci depois de adulta —, os ecos da história da minha família se fazem ouvir, mas não me reconheço italiana. Foi no terreiro de umbanda que batizei minha filha, minha música é MPB, e não acho que massa seja a panaceia da culinária. Tive o privilégio de conhecer as pegadas dos que me antecederam até para me dar ao luxo de entender que não me identifico com eles.

Não se passa o mesmo com negros e indígenas. Inaugurada em agosto de 2023, no Sesc Belenzinho, a exposição *Dos Brasis* — com belíssima curadoria de Igor Simões, Lorraine Mendes e Marcelo Campos, e montagem primorosa — irá circular pelo Brasil até 2033. Ali se recupera uma parte da brasilidade negra que não vimos nas décadas em que passamos confinados aos bancos escolares e nas quais nos martelaram uma versão histórica alijada de seus fundamentos. O sistema de relações étnico-raciais que nos compõe sempre foi achatado por uma narrativa pálida e falaciosa.

Saímos da exposição arrebatados pela violência, mas também pela grandeza. Ela está montada de tal forma que as crianças circulam alegremente pelo local sem se dar conta de tudo que está em jogo. Ali recuperamos traços de uma nacionalidade comum.

Não dá para ser brasileiro sem ter sido atravessado pela exuberância natural dessa terra que foi invadida para fins extrativistas e que só por acidente tornou-se país. O único mérito que poderíamos receber por viver num lugar tão lindo seria por nossa capacidade de preservá-lo. Não é o caso.

Ser brasileiro é um tipo de descentramento, um tipo de vertigem. Se pudéssemos bancar isso, seríamos o país do futuro, pois não há nada que o mundo precise mais do que povos que reconheçam sua incompletude e que se abram à alteridade.

81. Separações em análise

COMEÇAMOS UMA ANÁLISE FALANDO da tirania do chefe, da ingratidão dos filhos, da indiferença do cônjuge, da maldade dos familiares e da corrupção dos governos. Pedimos a cumplicidade do analista na interpretação do nosso calvário. Espera-se que ele seja o juiz que atestará que as nossas mazelas são causadas pelo outro.

Freud não entrava na brincadeira, pois questionava de cara qual era a parte do reclamante no sofrimento que o levava à análise. Tamanha "insensibilidade" poderia vir acompanhada de uma saída ruidosa do paciente do gabinete do inventor da psicanálise. Mas o tempo mostrou que eles voltavam e queriam continuar a saber mais sobre o que, a princípio, nada queriam saber. Na contramão da demanda do paciente, o analista entende que a direção de uma análise é outra, rumo à separação.

Lacan descreve as três paixões humanas como sendo o amor, o ódio e a ignorância. Para aqueles que permanecem tentando responder qual sua parte no próprio sofrimento, o apreço pela ignorância é enfrentado eticamente a cada sessão. Trata-se de uma clínica pouco afeita às saídas sedutoras. Daí a abordagem psicanalítica muitas vezes ser confundida com frieza, quando de fato ela toma o sintoma com a maior dignidade, como a forma mais legítima que o paciente encontrou para se virar com seu inconsciente, eternamente infantil. Não há espaço para a pieguice ou para a impostura. Mas não se trata de uma clínica isenta de humor, longe disso! Rir do que até então foi motivo de desespero não é raro para quem não recua diante do medo da devastação. Fantasmas expostos à luz se revelam lençóis mal-ajambrados.

Quando se trata de análise de casais é fundamental distinguir separação de divórcio. O divórcio diz respeito ao status social, à burocracia e à materialidade da relação. Mesmo que não haja papelada envolvida, imagina-se, no mínimo, que escovas de dentes deixarão de coabitar. A separação, no entanto, ocorre alhures. Ela se dá dentro e fora dos divórcios, até mesmo dentro e fora do mundo dos vivos. Quem não conhece um/a viúvo/a tão ou mais casado com o/a companheiro/a falecido/a?

Separar-se é tomar de volta o que é seu, de bom e de ruim. Daí Freud ter afirmado que os lutos mais difíceis são aqueles que revelam as relações mais ambivalentes, pois o ódio depositado no outro retorna para nós. Divórcios nem sempre implicam verdadeiras separações, haja vista ex-casais que permanecem se odiando por décadas ou numa espécie de limbo do qual ninguém chega a sair completamente para estabelecer novas relações. Mas não é só a perda da relação stricto sensu que causa sofrimento. Relações afetivas aportam outras relações — como amigos, familiares, filhos, enteados —, status financeiro e social. Haja tempo para tanto luto, que depende dos afetos empenhados em cada objeto investido.

No adorável *A pior pessoa do mundo*, filme de Joachim Trier (2022), a protagonista Julie vai buscando na carreira, nos amores e na maternidade uma resposta para seu lugar no mundo.

Separações em análise

Mas é na separação do desejo do outro que ela tem chance de se aproximar de algo próprio. Nesse sentido, o reconhecimento da derradeira separação, que só o vislumbre da morte do outro permite, continua sendo o melhor conselheiro.

A psicanálise entende que somos internamente divididos, pois o que nos é mais próprio é o que mais insistimos em desconhecer. Perseguimos, através do amor e da análise, escapar do divórcio de nós mesmos.

82. Tempo de qualidade

Reza a lenda contemporânea que o "tempo de qualidade" compensaria a falta de "tempo em quantidade". Essa foi a solução encontrada para justificar uma vida na qual o trabalho e as relações pragmáticas ocupam quase tudo e nos resignamos a ficar longe de quem amamos. Seria só mais uma das adaptações exigidas pelas sociedades individualistas se não se tratasse do tempo, matéria da qual a vida é feita.

O tempo exigido pelas relações difere a depender da sua natureza. As amizades, diferentemente do amor romântico, são aquelas relações cujos grandes lapsos de tempo não são capazes de tirar o brilho. Nelas, os intervalos podem funcionar para reconhecermos nossas transformações. Não raro, encontros com velhos amigos remetem a um passado comum que se presta tanto à melancolia quanto à retificação subjetiva. Eles nos lembram que o tempo passa e nos obrigam a encarar se passamos bem ou mal.

Já o amor é urgente, correndo sempre o risco de se apagar na prolongada ausência do amado. Intensidade, premência e tempos curtos, a paixão não espera. Tampouco sustenta aquilo que na amizade é essencial: longe dos olhos perto do coração. A morte de um amigo promove esse surpreendente delírio, sentimos que a qualquer momento ele nos procurará, é só uma questão de tempo. No amor, por outro lado, a perda

Tempo de qualidade   263

exige que sigamos procurando outros amantes. Até para fazermos jus ao amor perdido.

Com filhos a coisa se complica, pois há muitos tempos em jogo. Existem os começos, que nem sempre se dão entre pais e bebês — filhos podem chegar a qualquer momento da vida. Não há relação epistolar possível aqui, o corpo a corpo é inegociável. Trata-se de criar laços afetivos que não surgem por instinto, nem pela força da lei, nem das boas intenções. São grandes as expectativas e as ambivalências e elas colocam à prova o mais contingente dos afetos humanos: amaremos esse estranho que nos chega? É um amor que carrega a promessa de transmissão do nome, de entrada em uma linhagem, amor que nos representa narcisicamente.

Uma vez irremediavelmente apaixonados pelos filhos, teremos que sustentar algo diferente, próprio das relações entre amigos, aquelas que se mantêm mesmo à distância. A tarefa aqui é criar um amor que assuma a iminente separação. Embora tenha parte com a amizade, é um erro acreditar que seremos amigos dos filhos "stricto sensu". A palavra dos pais é carregada de orgulho e recriminação que não cabe entre amigos, pois temos planos mais ou menos inconfessos para o futuro dos nossos: que sejam felizes, que tenham essa ou aquela carreira, que tenham ou não descendência... enfim, expectativas foram criadas. Ainda que possamos nos sentir muito próximos e cúmplices deles com o passar dos anos, somos figuras a servirem de exemplo a ser superado.

Por fim, temos o tempo das grandes separações dos filhos, aquelas das distâncias físicas, das migrações, dos encontros esporádicos, anuais. A virtualidade cria a sensação da proximidade, mas ela não é capaz de produzir o encontro fortuito, no qual o olhar "pesca" o humor, o tom de voz.

O tempo de qualidade não é só o tempo da epifania e da brincadeira que busca compensar a privação da companhia. Ele deve incluir o mau humor, a briga, a cara amarrada, o choro, o desabafo, o tédio, o silêncio, o abraço espontâneo, o olhar cúmplice, a bobeira. O tempo só é de qualidade quando visa ao íntimo e inclui na conta os desencontros, as tristezas.

O tempo de qualidade não prescinde da quantidade, pois nunca se sabe quando a vida acontecerá.

83. Maldições familiares

CABE AOS ADULTOS TENTAR ATENUAR a transmissão da história familiar para as próximas gerações. Guerras, mortes, suicídios, derrocadas financeiras, prisões, drogadição, traições, assassinatos, enfim, os eventos transgeracionais que compõem nossa história deverão chegar às crianças na medida de sua capacidade de compreender o demasiadamente humano em nós.

Com o tempo, as tragédias tendem a ser romanceadas, como a história nada incomum da moça branca que fugiu para casar com o rapaz negro porque os pais eram contra a relação inter-racial. Acaba com os sogros racistas morrendo velhinhos nos braços magnânimos de um genro anteriormente rejeitado. Fica de lição para a descendência.

No eletrizante podcast *Collor x Collor*, vemos o ex-presidente Fernando Collor e seu irmão Pedro colocarem a família, a empresa, o país e algumas vidas a perder só para saber quem é o preferido da mamãe. O segredo da derrocada deles é tão antigo quanto a história de Caim e Abel — nome do primeiro episódio.

Tudo parece muito simples se achamos que basta controlar os agentes externos para que os assuntos da família não cheguem cedo demais — ou nunca cheguem — aos ouvidos dos filhos. Esconder a adoção, por exemplo, era um gesto corriqueiro algumas décadas atrás e implicava grandes manobras logísticas. Sumir durante nove meses e voltar carregando um bebê; mudar de bairro ou cidade eram práticas necessárias para quem achava que iria "traumatizar" a criança com a verdade sobre sua origem.

Na realidade, o grande trauma não está na origem, mas na dificuldade de assumir que o modelo de família hegemônico — cisgênero, heterossexual, casado, com filhos biológicos — é o grande moedor de carne a triturar as famílias reais. Que as crianças adotadas nesse sistema apresentassem sintomas era tido como herança da família que supostamente as "abandonou" e não como o efeito pernicioso do próprio segredo. O mito de Édipo fala justamente da tragédia que decorre do segredo da origem, quando temos a pretensão de escapar dele.

Os segredos vazam e é muita ingenuidade acreditar que isso aconteça só a partir da fofoca alheia ou de algum fato novo revelador. O não dito se revela nos mínimos detalhes que a criança capta, mesmo não sabendo o que captou. Ela pode não saber o conteúdo, mas será impactada inconscientemente cada vez que o assunto vier à baila. Pode ser o tom de voz, uma ruga de expressão, o olhar, o intervalo entre as palavras, os lapsos e atos falhos. Infinitos são os indícios de que o "bluetooth" do inconsciente nunca desliga. Atores e atrizes trabalham exatamente aí: transmitir texto e subtexto, muitas vezes contraditórios.

O efeito disruptivo e traumático do não dito é bem conhecido da psicanálise, seja o segredo que nos foi contado por outros, seja aquele que ocultamos de nós mesmos. É o caso da paciente de Freud, chamada de Elizabeth, com graves sintomas histéricos — inclusive com dificuldades de se loco-

Maldições familiares 267

mover. O caso foi resolvido pela conscientização de seu amor pelo cunhado, recém-viúvo de sua querida irmã. Ao admitir para si mesma — na presença do analista — seu desejo, pôde voltar a rodopiar pelos salões de Viena. Não casou com o amado, mas se livrou de um dilema moral inconsciente que a estava impedindo de viver sua vida. O que fazer a partir do revelado, só a ética de cada um dirá, nenhum analista deveria meter a colher aí.

Nossas histórias podem ser terrivelmente desagradáveis, e muitas vezes o são, uma vez que viver nunca foi fácil. Mas para que não se tornem maldição, devem ser bem-ditas.

84. São necessárias muitas crianças para salvar uma aldeia

O PROVÉRBIO AFRICANO "PRECISA uma aldeia para cuidar de uma criança" repetido ad nauseam revela que existem formas mais sábias do que a nossa para lidarmos com o futuro de uma sociedade. Propus a inversão do dito, porque a diminuição consistente do número de nascimentos tem acarretado efeitos econômicos, políticos e sociais desastrosos para a "aldeia". A ideia de que "quem pariu Mateus que o embale" nos impõe a questão de saber se teremos "Mateus" suficientes para empurrarem nossas cadeiras de rodas ao apagar das luzes. A gradativa diminuição da população economicamente ativa nos países desenvolvidos faz da aposentadoria e de uma economia minimamente estável miragens.

Resta contar com os imigrantes, aquele estrato social cuja produtividade é explorada sem contrapartida econômica e social. São eles que vão trabalhar e ter os filhos que os demais não têm, mudando o perfil étnico de populações que ainda têm a empáfia de se orgulhar de sua "pureza" racial. Basta ir às grandes capitais da Europa para ver como a paleta de cores humanas foi se modificando nas últimas décadas. Ainda numa posição majoritariamente subalterna, os negros retintos que circulam pelo velho continente, oriundos de antigas colônias e outras localidades, retornam para os países

São necessárias muitas crianças para salvar uma aldeia 269

que costumam dispor de suas pátrias como dispõem de seus corpos para o trabalho mal remunerado e insalubre. São eles que mais uma vez salvam as economias mundiais com seu trabalho e descendência, sendo tratados como cidadãos de segunda classe.

Na base dessa pirâmide temos as pessoas que gestam e parem, sejam mulheres, sejam homens trans. As pessoas das quais a "aldeia" depende para não se extinguir, seja porque colocam crianças no mundo, seja porque se ocupam prioritariamente delas, e que são as mais desprezadas entre nós. Como efeito do descaso e do colapso na economia de cuidados, acabam por fazer uma "greve de úteros" silenciosa e consistente mesmo quando desejam ter filhos. O acúmulo das funções de provedora de cuidados e provedora financeira para as mães de família é uma das violências históricas do capitalismo, mas se torna insustentável com a lógica neoliberal do cada um por si e ninguém por todos.

Algumas pessoas não desejam ter filhos e não há nenhuma necessidade de se justificarem quanto a isso. Algumas abrem mão em função da falta das condições sociais, políticas, econômicas e emocionais para realizar esse desejo.

Por outro lado, a gravidez indesejada só penaliza mulheres e homens trans, isentando moral e juridicamente quem insemina. Por esses casos lutamos incessantemente pelo direito à interrupção da gestação. É bom lembrar — como fez o pastor Henrique Vieira em fala contundente na Câmara dos Deputados — que o Estado é laico e as opiniões religiosas não cabem na discussão sobre a descriminalização do aborto.

A violência com quem deseja abortar — impedindo, criminalizando, desassistindo, deixando morrer — é da mesma natureza da falta de apoio a quem deseja ter filhos. Ambas são fruto de hipocrisia, do falso moralismo e das políticas reprodutivas baseadas em estereótipos machistas. São ecos da fantasia de que bebês são entregues por cegonhas — sem responsabilidade dos homens — e criados pela mãe natureza e não por pessoas reais tentando sobreviver dignamente.

Se continuarmos deixando Mateus cair do colo, não haverá aldeia para contar a história.

85. Aos que ficam

A DOR PELA PERDA DE ALGUÉM não é medida apenas pelo amor por quem se foi, pois as circunstâncias nas quais ela ocorre podem mudar completamente o caráter do evento. A idade da pessoa em questão; o fato de ser inesperada; a ideia — geralmente improvável — de que poderia ter sido evitada; a violência ou a injustiça da qual decorre: muitas são as situações e seus desdobramentos.

A morte de uma pessoa amada nos leva à sensação de abandono porque queremos crer — de forma mágica e onipotente — que, se ela nos amasse mesmo, conseguiria permanecer ao nosso lado. Ou seja, se nos amasse o suficiente, venceria o câncer, atravessaria a rua com mais segurança, frearia o carro em tempo hábil, prolongaria a vida tendo bons hábitos. Enfim, por amor a nós, o amado operaria milagres.

A culpa não tarda a chegar pela ambivalência diante da perda, mas também por fantasias de ação e omissão. Se eu tivesse escutado, se tivesse falado, se tivesse chegado um minuto antes ou depois, inúmeras são as cenas que se repetem, enquanto tentamos acomodar o impensável dentro de nós.

Mas, quando a pessoa escolhe, de forma intempestiva ou calculada, cortar todas as relações que construiu na vida na forma do suicídio, a morte adquire seu caráter mais paradoxal.

Aqui também não há experiência genérica, sendo cada situação tão única como a pessoa que se foi.

No último dia do que ficou conhecido por setembro amarelo — mês da prevenção do suicídio — me coube testemunhar, junto a pessoas muito queridas, a devastação desse ato. Presenciar pais idosos enterrando um filho adorado que, num momento obscuro e incompreensível, decidiu acabar com tudo, é das cenas mais desoladoras que se pode imaginar. É como se o amor investido ao longo de décadas retornasse no sentido oposto, numa bomba de desolação, cujos estilhaços atingem a todos. Nos tornamos coadjuvantes de uma cena sobre a qual nada sabemos, porque quem poderia saber algo sobre o sentido do ato não está mais aqui para contá-lo.

O suicídio coloca em xeque o amor entre nós e o outro que se vai, dificultando o consolo, tão fundamental nessas horas. Devemos lembrar, no entanto, que, antes de romper conosco, o sujeito rompeu com ele próprio, e é disso que se trata.

Nos casos mais intempestivos, as pessoas se perguntam como não perceberam ou por que não houve confiança suficiente para que a dor fosse compartilhada a tempo, se faltou amor de quem foi ou de quem ficou. No entanto, a pessoa que se suicida, por alguma razão que nunca saberemos ao certo qual, não pôde, antes de tudo, encarar a si mesma. Não pôde se projetar no futuro enfrentando uma nova condição, imposta pela idade, pelo trabalho, pela sexualidade, pela desilusão amorosa ou o que quer que seja que a vida impôs para o sujeito, que se viu sem meios para prosseguir.

Os homens, pela forma como vivem sua masculinidade, são as grandes vítimas da falta de recursos para reconhecer, nomear e compartilhar os afetos, três condições para que o

Aos que ficam

diálogo interno não cesse e possa ser transmitido na busca de ajuda. Daí que enquanto a vida vai bem ou as lutas são contra agentes externos, eles tendem a se virar bem, aparentando força e desembaraço. Mas quando as lutas são internas, como fantasias de inadequação, humilhação e a própria angústia existencial, eles podem se descobrir frágeis e despreparados.

Vivendo em uma cultura que preza a atuação irrefletida, o gesto intempestivo e a baixa tolerância ao sofrimento, estamos todos ameaçados pelo único ato que não é falho, segundo Lacan. Setembro amarelo acabou e mal começamos a falar sobre a necessidade de se escutar.

86. Constelações familiares e a pregação de Estado

FREUD COMEÇA SUA CLÍNICA JUNTO a Joseph Breuer descobrindo que rememorar experiências traumáticas promove efeitos terapêuticos. Estamos em 1893, momento no qual se busca entender as condições da cura do adoecimento psíquico.

A escuta atenta e sem julgamentos, o incentivo — verdadeira pressão — para falar tudo que viesse à cabeça na sequência em que surgia culminavam em uma lembrança carregada de afeto.

O método catártico, como ficou conhecido, é centenário e decorre da desistência de Freud do uso da hipnose, passagem consagrada em seus "Estudos sobre a histeria" (1895). Hipnose e método catártico, embora tenham sido superados, formam a base de descobertas fundamentais da psicanálise, como a transferência.

O reconhecimento de que o paciente transfere e atualiza para a pessoa do médico a relação com as principais figuras de sua vida foi crucial para o entendimento e o manejo do que se passa no tratamento. Livros e artigos continuam sendo produzidos sobre esse tema fascinante.

É na esteira das descobertas de Freud e outros grandes pesquisadores da psique humana que vemos surgir "inovações" terapêuticas aqui e acolá, ora como mau uso, ora como

Constelações familiares e a pregação de Estado 275

reciclagem de descartes de teorias. Elas costumam ser apresentadas ao leigo com expressões de "Eureka, agora a cura será fácil, rápida e garantida!".

Figuras de suposta autoridade coagindo usuários do serviço de justiça a participarem de sessões de constelação familiar pagas pelo contribuinte são um exemplo sem precedentes dos abusos nesta área. O episódio sobre as constelações familiares do podcast *O assunto* é uma aula sobre como se dá o mau uso de técnicas que não têm compromisso com a ciência e com a ética. Ali vemos a manipulação criminosa da transferência e da catarse para impor valores ultraconservadores na goela do usuário desavisado.

Família acima de tudo, mulher submissa ao homem, a inegociável hierarquia de gerações, pertencimento ao grupo de origem sob quaisquer condições, não importando o tamanho da violência envolvida no caso: na contramão da ética psicanalítica mais básica, o "constelador" parte de suas próprias convicções — conscientes ou não — para impô-las ao outro.

Interpretações que são fruto de valores inconscientes não elaborados — uma forma de atuação — reaparecem nas cenas montadas como se fossem a verdade última tirada de um saber superior e inefável. Jacob Levy Moreno, psiquiatra romeno que inventou o psicodrama nos anos 1920, está revirando no túmulo diante do uso nefasto de suas técnicas.

Vemos a brecha através da qual, mais uma vez, a laicidade do Estado é atacada por um programa da ultradireita que visa impor a manutenção da desigualdade, dos privilégios e da violência em nome do "bem".

Os efeitos histriônicos dessas intervenções são altamente questionáveis e afetam o resultado dos julgamentos. O acréscimo no número de conciliações nem sempre significa mais justiça, uma vez que escolhas baseadas em afetos inconscientes não nomeados tendem a repetir padrões de alienação e violência.

O familiar violento ou abusador volta para o seio da família que não deve rechaçá-lo (lei do pertencimento); a vítima deve perdoá-lo (lei da hierarquia); a família disfuncional deve permanecer (família acima de tudo) e assim seguimos reiterando o pior.

Sem a prática de uma teoria em permanente revisão que tenha a ética como base, qualquer intervenção leva à barbárie.

87. Ninho vazio e outros bichos

JÁ ESTAVA PREVISTO NO PRIMEIRO DIA em que a criança dormiu fora de casa, mas pode ter sido no primeiro dia da creche, no desmame ou, talvez, no parto. Para alguns, em nenhum desses momentos: o vislumbre pode ter sido na entrada no ônibus da primeira excursão escolar. Entender que os filhos vão é ficha que nunca para de cair, mas tem seus momentos cruciais.

A forma como encaramos essa ida não está solta no vácuo, mas é regida por expectativas e fantasias próprias dos discursos de cada época. Nossa geração é aquela que apostou em criar intimidade com os filhos, assim como gerações anteriores apostaram na autoridade e na independência. Cada uma paga o preço por suas escolhas, não cabendo nostalgia.

O dito "ninho vazio" — expressão piegas, mas consagrada em vários idiomas — é mais do que a saudade de ter a casa ocupada pela onipresença desses hóspedes preguiçosos, demandantes e injustos que chamamos de filhos. Afinal, é prerrogativa dos mais jovens se fazerem de tontos enquanto os mais velhos se vangloriam de saber tudo. Bastam uns meses morando sozinhos que os filhos revelam capacidades insuspeitas de cuidar de si mesmos e de seu pequeno reino recém-conquistado.

Para quem fica resta o paradoxo de ver o desejo realizado de, após décadas, ter o "ninho" só para si, ao mesmo tempo que lida com um silêncio ensurdecedor. Se fosse apenas falta dos filhos, a dita "síndrome do ninho vazio" não mereceria a atenção que a mídia lhe dá. (E fica aqui meu protesto veemente contra a patologização/medicalização midiática de todos os fenômenos da vida ordinária.)

A questão que me interessa hoje, no entanto, diz respeito ao acerto de contas que fazemos com o tempo cada vez que um marco da finitude se coloca. Não há formatura que não nos remeta ao primeiro dia de aula, não há despedida que não nos transporte para os começos. O tempo é essa invenção humana que afeta todos os seres, mas só a nós angustia a ponto de nossa vida se resumir à tentativa de aprendermos a lidar com ele. A morte deixa claro quem ganha a batalha contra o tempo e são poucos entre nós que conseguem seguir os passos do filósofo Pagodinho: "deixa a vida me levar".

Os filhos saem, na melhor das hipóteses, nos desprezando o suficiente para conseguir fazê-lo sem culpa, e voltam como visita (sempre folgada, claro!). A nós resta a elaboração do tempo que passou entre a primeira troca de fralda e o caminhão de mudança. E aí fica a questão: o que fizemos afinal da juventude até aqui, uma vez que essas décadas são aquelas durante as quais nos tornamos irremediavelmente velhos. Insisto na palavra velho porque acho um desserviço fingir que envelhecimento é um termo pejorativo (velho sonha, deseja e trepa o quanto quiser).

O ninho vazio é cheio de lembranças de como éramos ingênuos, despreparados e arrogantes a ponto de assumir a tarefa de criar outra pessoa. Mas também de como fomos corajosos e esperançosos ao fazê-lo. Se os jovens se veem projetados num futuro abismal — muitas vezes paralisante —, a nós

Ninho vazio e outros bichos

cabe prestar contas de um passado recente no qual fizemos nossas escolhas. Trata-se de elaborar justamente o ponto em que eles estão agora e cujos resultados imprevisíveis também terão que prestar contas a si mesmos em algumas décadas.

A pausa necessária para o reconhecimento da passagem da juventude para a velhice não deveria servir de desculpas para a precipitação dos fins. Feito o trabalho de luto, a flecha do desejo deverá ser relançada, assim como será a dos nossos filhos em seu tempo.

Moral da história: o bicho voa.

88. Mulher branca no Brasil

Como nos ensinou Freud — em minha livre interpretação —, o que o coração não sente os olhos não veem. Penso nisso quando me detenho nos desafios do letramento racial. Sem colocar o afeto na conta da conscientização sobre o racismo, temos pouco a avançar.

Se é duro pensar no que ainda falta para que todas as pessoas sejam tratadas com justiça, serve de inspiração observar as conquistas em anos recentes. Corpos negros orgulhosos de suas características, novelas e propagandas protagonizadas por negros, os bancos das faculdades sendo ocupados por eles, a pauta racial onipresente em qualquer domínio do conhecimento, o resgate de autores e histórias negras, muitos são exemplos que eram impensáveis até pouco tempo. A violência alarmante é contínua, mas a situação não é a mesma de uma década atrás.

Chão comum para qualquer ação antirracista, a educação que informa sobre o racismo estrutural tem como limite o narcisismo de seu público-alvo. E se ignorarmos a questão afetiva, seguiremos reproduzindo o pior. Não existe cartilha de caminho suave, o letramento que interessa está mais para chá de boldo: amargo e curativo.

O termo narcisismo, que ganhou no senso comum a pecha de egoísmo, é, para a psicanálise, a condição da constituição subjetiva. Dói no ouvido quando um conceito que nos é tão caro é martelado como adjetivo vulgar e mal aplicado. O narcisismo, palavra importada do mito de Narciso, que dispensa apresentações, se refere ao processo fascinante a partir do qual nos reconhecemos como unidade separada dos cuidadores. Dá-se com o bebê até aproximadamente um ano e meio de idade e culmina com a constituição do Eu. Sem ele, mal poderíamos falar em nome próprio. Lacan é o autor que tem as melhores sacadas sobre essa instância que se forma sintomaticamente para nos defender do outro e daquilo que preferimos desconhecer em nós mesmos. Daí que o Eu é complexo em sua missão de nos vender a melhor imagem de nós mesmos, poupando ferir nosso frágil narcisismo. O letramento racial, assim como o reconhecimento do machismo, é o sal na ferida narcísica.

Sendo uma mulher branca, me encontro na dupla face entre ser oprimida pelo meu gênero, enquanto oprimo pela minha cor. Não preciso fazer algo especial para oprimir/ser oprimida, pois meu corpo já é o passaporte que determina onde tenho e onde não tenho poder. Na presença de outros corpos, a hierarquia se coloca imediatamente, com ou sem meu consentimento. Serei seguida como suspeita em uma loja cara, serei importunada ao entrar sozinha em um bar à noite?

Uma mulher pode acusar o *mansplaining* de um homem, mas e se ele for um homem negro? E se esse homem negro for rico e essa mulher branca for pobre? O letramento nos coloca diante de dilemas éticos imprescindíveis. Em geral, eles só ficam claros a posteriori, nos levando a perceber que só faremos melhor — se essa for a intenção — quanto mais nos embrenharmos na questão interseccional e reconhecermos seus furos.

Escolas, empresas, instituições em geral têm se mobilizado em busca de informação sobre racismo, classismo, misoginia e transfobia por força das leis e das pressões sociais. Passada a transmissão de conhecimento inicial e incontornável, começam a se dar conta de que falta alguma coisa. Os erros se sucedem e as violências se repetem perpetrados por pessoas bem-intencionadas que conhecem a cartilha antirracista de cor.

A questão é que a luta antirracista — e contra as demais formas de opressão — não existe sem o gosto amargo de vermos nosso narcisismo ferido. Não existe sem constrangimento, sem o sentimento de culpa. Caso contrário, estamos diante de uma racionalização linda e inócua como alface americana. Ela não existe também sem enfrentarmos a paranoia de achar equivocadamente que se trata de trocar opressor e oprimido de lugar.

O processo de letramento e conscientização é um processo sofrido, mas infinitamente menos duro do que ser o alvo da violência. Ferida narcísica não é ferida de bala.

89. A melhor escola para seu filho

PROFESSORES DE ESCOLAS DITAS de elite têm enfrentado um dilema exemplar da situação brasileira. São eles que, diante da tarefa hercúlea de ensinar, recebem uma molecada cujos pais não os deixam esquecer que estão pagando pelo serviço e querem ver resultados. Na escola tida como empresa é o produto final que está em disputa.

Não que nas demais escolas corpo docente e pais não enfrentem desencontros, longe disso. Temos o belíssimo trabalho do psicanalista Rinaldo Voltolini para nos mostrar o que o autor chama de "divórcio entre a família e a escola" (em *Laço*, 2020).

Mas na escola dita de elite, para muitas famílias a questão central é colocar a criança para fazer networking, introduzindo-a no mundo dos bem-nascidos. Nesses casos é mais importante que a instituição funcione como passaporte para o contato com outros integrantes da elite do que a educação propriamente dita. Para essa última, resta a expectativa de que a criança fale outras línguas como se fosse nativo e conheça os macetes para se dar bem no vestibular — ou o que for preciso para ser aceito em universidades estrangeiras. O ensino mesmo, aquele que se pauta no exercício da reflexão e da crítica, pode se tornar um estorvo diante desse projeto.

Num mundo no qual a ingerência dos pais no espaço escolar se torna uma constante e no qual o cliente tem sempre razão, a criança acaba servindo de cabo de guerra entre aquilo que merece ser chamado de educação e aspirações cínicas que veem nela um mero trampolim social.

O professor, por sua vez, longe de sofrer as agruras do docente de escola pública como salários irrisórios, carga horária insana, condições insalubres e descredibilidade social, tem que se avir com a paixão pela ignorância, como dizia Lacan. Quanto mais ele se qualifica para preparar a criança para um mundo que perde sua capacidade reflexiva e crítica, mais ele se vê boicotado pela família dessa mesma criança. Como trazer o mundo para o aluno, sua realidade e contradições, quando os pais que sustentam a escola exigem que não se saiba nada sobre isso?

Sexualidade, política, racismo, misoginia, pobreza têm sido temas tabus em todas as escolas de todas as classes sociais, que pais supostamente zelosos juram que pretendem discutir em casa, dispensando a opinião dos de fora. Dessa forma, solapam o caráter público da escola, que é sua razão de existir. É porque os diferentes se encontram para assimilar os conteúdos no mesmo espaço, de forma democrática, reflexiva e respeitosa que a escola sempre será pública por excelência, seja paga ou não.

Mas o pavor dos pais de escolas daqueles que têm acesso a tudo é que as crianças tenham contato com aqueles que nada têm. São pais que aspiram a que a escola funcione como o carro que circula pela cidade e só vê a pobreza e a injustiça social pelo vidro blindado. Para que diante da pergunta sobre o porquê de uma criança estar no farol pedindo eles possam

A melhor escola para seu filho

vomitar seus delírios meritocráticos, sem que o filho tenha acesso ao contraditório. Alguns chegam a fazer motins via grupo de WhatsApp fingindo ignorar que se comprometeram com o conteúdo programático no ato da matrícula.

Exigir que o professor seja calado diante do debate das questões que nos humanizam é fazer da escola esse mesmo carro blindado dirigido pela paranoia. Mas é no lugar de onde saem "os donos do mundo" que essas questões precisam ser incessantemente recolocadas. Os professores mais atualizados, qualificados e ciosos de seu trabalho são um inferno na vida das famílias que só querem que a próxima geração reproduza o pior.

Eles são também nossa esperança e consolo.

90. Problemas de família

A FAMÍLIA SERIA A REDE de relações de intimidade a partir da qual se compartilha uma história comum, transgeracional ou recente, imprescindível para a constituição subjetiva. Ao longo da vida não temos como abrir mão dessas trocas pessoais que nos humanizam. Mas existe um abismo entre a família como fonte de humanização e a familícia, modelo hegemônico que pauta a família comum, e que se organiza contra tudo e todos. De fato, elas são antagônicas, sendo a primeira o antídoto da segunda.

Desde o clássico *A origem da família, da propriedade e do Estado* de Friedrich Engels, de 1884, não há como negar a função última dessa estrutura a partir da qual, com a modernidade, a célula capitalista e patriarcal se reproduz. É no seio dela que o cuidado e a violência se perpetuam, pois ambos são intrínsecos a seu projeto de acumulação de bens e manutenção do poder a partir de um sobrenome.

O modelo acabado da família hegemônica, que a ficção não cessa de representar, é o modelo mafioso, aquele capaz de matar todo e qualquer um que atravessar o caminho dessa instituição-empresa, mas que também é capaz de se livrar dos próprios membros quando eles ameaçam seus status quo.

Vale o escrito (2023) é uma série documental que escancara o jogo do bicho e as milícias a partir de depoimentos de po-

Problemas de família

liciais, jornalistas e dos próprios bicheiros. Nem sempre vemos a psicopatia desfilar diante das câmeras com tamanha desfaçatez. A lógica da família ali é exemplar: em nome dela se rouba e se mata os de fora, mas, se for necessário, os de dentro também.

Não podemos esquecer, por exemplo, dos jovens despejados de suas casas por não serem cisgênero ou heterossexuais, por vezes ainda crianças, que são acolhidos por uma outra ordem de família, que se constrói a partir do desamparo e da exclusão. Como podemos ver no documentário de 1991, de Jennie Livingston, *Paris is Burning*, os enjeitados por sua condição dissidente em relação à norma familiar reprodutiva vão formar uma nova família, com direito à "mãe" e a um sobrenome, que é o nome da casa a que passam a pertencer.

Inúmeros são os relatos nos quais a família oficial dá lugar à família escolhida, único lugar no qual nos sentimos protegidos e reconhecidos pelo que somos, sem ter que entrar no moedor de carne das exigências impossíveis de serem atendidas.

A implosão da familícia, modelo que serve de inspiração inconsciente para a família comum, é condição para nossa sobrevivência enquanto sociedade. As famílias, enquanto núcleos de intimidade e cuidado, sempre existirão em função da necessidade humana de ser reconhecido, acolhido em relações não anônimas, mas é imprescindível que a dissociemos do parentesco, da propriedade e da reprodução.

Paul B. Preciado, no vertiginoso *Dysphoria Mundi: o som do mundo desmoronando* (2023), relata sua experiência isolado em seu apartamento com covid, durante a pandemia. A privação sensorial, de contato afetivo e as febres o levavam ao delírio e a momentos de epifania nos quais o filósofo reconheceu que a única coisa de que precisamos são condições de sobrevivência do corpo, da intimidade com os outros e da arte. A familícia, cujo objetivo é sempre a acumulação de bens para exercer o poder sobre as outras familícias, passa por cima dos três sem o menor escrúpulo.

Em belíssimo episódio do podcast *The Ezra Klein Show*, a rabina Sharon Brous, com a função de apontar para a ética e para a compaixão, exorta seus ouvintes a pensarem o círculo familiar como uma unidade aberta e porosa às demais famílias. Um apelo fundamental para quem pretende acabar com as guerras e deixar um planeta para a próxima geração.

91. No divã com o analista

O TEMA DAS RELAÇÕES AMOROSAS entre pacientes e seus analistas é espinhoso porque nem todos os seguidores de Freud se atentaram à regra da abstinência sexual. A relação entre Carl Jung e Sabina Spielrein, analista e paciente, por exemplo, imortalizada no filme *Um método perigoso* (David Cronenberg, 2012), é um exemplo célebre. Ali podemos ver o apelo que Spielrein faz para que Freud a ajude a superar a danosa relação com Jung.

É sabida a reprovação do criador da psicanálise aos analistas que, lisonjeados pela sedução de pacientes, sucumbem à própria vaidade. Ele mesmo, que foi um jovem bonito e atlético, teve que resistir às demandas amorosas de suas jovens pacientes. Freud já tinha presenciado o estrago causado pela confusão que Joseph Breuer fez ao atender Bertha Pappenheim, jovem cujo caso é precursor da psicanálise. Breuer não entendeu que a paixão de Anna O., como ficou conhecida, não era exatamente por ele e temeu pelo seu casamento, deixando a paciente na mão. Vale pesquisar a biografia dessa mulher excepcional para saber o que ela fez com esse sofrimento.

Nos primórdios da psicanálise ainda não se sabia exatamente tudo que estava em jogo nos tratamentos, mas uma coisa Freud percebeu com clareza. A chave do tratamento estava no fato de que o paciente transferia para a figura do analista suas relações com pessoas essenciais na sua formação, ligadas aos cuidados iniciais.

A transferência, conceito fundamental na clínica, traz para o presente experiências do passado e as atualiza como se estivessem acontecendo agora. Freud também nos alertou para o fato de que a infância passa, porque é cronológica, mas que o infantil é perene, sendo a base do inconsciente.

O analista é eticamente responsável pelo manejo da transferência, cuja função é revelar ao paciente o que se presentifica na sessão. Por isso que a abstinência — sexual, de julgamentos, de atuação — é fundamental para que se cumpra a função analítica. Não estamos lá para responder às demandas do paciente, mas para revelar-lhes oportunamente.

Os anos 1970, com o mantra de que "é proibido proibir", também colocou lenha na fogueira das vaidades e analistas se permitiram muito mais do que a atual geração, que se revela mais advertida.

Catherine Millot, paciente de Lacan, escreve o delicioso *A vida com Lacan* (2017) para contar sua aventura amorosa com o célebre analista. Ali, uma mulher madura, que soube o que fazer com essa experiência, aproveita a chance para revelar um Lacan menos glamuroso. A genialidade não encobre o homem branco afeito a privilégios e histrionismos. Não foram poucos os discípulos que se inspiraram nos tropeços do mestre para justificar seus próprios deslizes.

Fica claro que nem todas as pacientes saem ilesas de tal experiência, na qual a demanda infantil pelo amor das figuras primordiais é confundida, pelo próprio analista, com o desejo por ele. Está aí uma boa encenação do que o sensível Sándor Ferenczi foi capaz de formular usando a expressão "confu-

No divã com o analista 291

são de línguas": quando a demanda por ternura que vem da criança é respondida com a disruptiva sexualidade adulta.

E se coloco as pacientes no feminino é porque não raro esses casos se dão entre homens maduros e suas pacientes jovens, cuja demanda amorosa funciona como elixir da eterna juventude.

A regra de não transar com paciente não diz respeito a qualquer preceito moralizante, mas à própria estrutura do dispositivo analítico.

Em tempos de #metoo, psicanalistas remanescentes do pode-tudo têm que arranjar outro ofício.

92. Natal: modo de usar

PARA AS FAMÍLIAS FELIZES as datas comemorativas tendem a ser a invejável celebração do seu sucesso. Mas, como dizia Tolstói, as felizes são tão parecidas entre si que sobre elas temos pouco a refletir, afinal, em time bom não se mexe. Já nas infelizes, com suas variadas formas de cultivar o sofrimento, as mesmas datas se tornam a constatação do fracasso das relações com as pessoas que nos são mais significativas. Costumam ser o limão na ferida.

Entre os extremos restam as famílias nas quais as afinidades são poucas e a festa desce como uva-passa no meio das comidas: era melhor não ter, mas, sendo inescapável, dá para engolir rápido ou empurrar para o canto do prato.

E assim segue o Natal como raio X das relações familiares, fotografia que revela a cada ano o estado desse núcleo que é vendido como feliz, mas vivenciado como corrida de obstáculos. Não se pode modificar décadas de convívio danoso em uma noite, o que torna a azia inevitável, mas existe um fator que pode ser recalculado.

O Natal passou de festa religiosa a um evento totalmente comercial perdendo qualquer alusão à sua origem. Alguma criança ainda lembra que se comemora o nascimento de Jesus? A coisa se resume à figura do Papai Noel, inventada e empurrada goela abaixo pela indústria da Coca-Cola. E de-

Natal: modo de usar

semboca numa troca de presentes que movimenta a economia enquanto endivida a classe média e exclui a proletária.

Como já dizia Freud, dinheiro é libido e, portanto, os gastos revelam o grau de investimento no projeto, que pode ser tanto a resposta a um desejo genuíno, quanto o mais alienado dos gestos.

Para empurrar um consumo irracional na pior época para se gastar — seguida de férias, IPVA, IPTU e a instabilidade de quem não é CLT —, haja propaganda. O apelo emocional nos induz a associar a magia do Natal com as comidas, roupas e presentes, fazendo a roda consumista girar. A aura que a propaganda imprime ao evento só aumenta o abismo entre a cena imaginária idealizada e a família real que se tem que encarar. Aquela que nos últimos 364 dias usou de todos os subterfúgios para não ter que se encontrar.

Pode-se falar do Natal como a festa mais pesada para a maioria das famílias sem ignorar as oriundas de outras religiões, uma vez que a data se desprende de tal forma de sua vocação original que fica quase impossível que judeus, muçulmanos, budistas e outros se livrem do ritual de trocas de mercadorias a que se associou. Mas quanto mais distante das falsas expectativas referidas à data, maior a chance de que seja apenas um jantar em família, mais ou menos agradável, e não uma aula de anatomia afetiva.

Desde a modernidade, a família é um misto de empresa e bunker capaz de tudo para defender os seus em detrimento dos demais, mas também de cortar na carne de quem ameaçá-la de dentro. As relações compulsórias que a família cria e seu fechamento para o mundo criam a lógica que leva a sua derrocada subjetiva. Daí que a chance de se sentir bem nesse empreendimento compulsório carregado de culpas e falsas expectativas é bem reduzida. Quanto mais aberta para o mundo, quanto mais arejada no respeito às singularidades, mais a família se aproxima das amizades eletivas sem laço de sangue. Guardaria o título de família, se ainda quisermos usar esse termo, o grupo que, compartilhando uma história comum — recente ou transgeracional —, se baseasse no reconhecimento e respeito às diferenças, no cuidado mútuo e na abertura para o coletivo.

Jesus, quando perguntado sobre sua família, teria respondido que sua mãe e irmãos são todos os que ouvem a palavra de Deus e a executam. Como a palavra de Deus é assunto de foro íntimo e não monopólio da pregação das igrejas, prefiro acreditar, em meu benefício, que na família de Jesus até ateus de boa índole seriam bem-vindos.

93. As férias das quais não voltamos

Salvo para os que insistem em tornar as férias tão rotineiras e previsíveis quanto todo o resto do ano, vale lembrar que elas têm potencial de se tornarem *road movies*. Tomo pela expressão aqueles filmes nos quais a jornada interna dos personagens — seus desafios, dilemas e conquistas — se dá durante um deslocamento espacial, uma mudança de cenário, a partir da qual os personagens saem diferentes do que entraram. Mas para que saiam transformados, algo novo, disruptivo e necessariamente custoso deve advir, como bem sabem escritores e roteiristas.

A série *White Lotus* (2021), merecidamente premiada com o Globo de Ouro, é um exemplo, pois aqui também as férias servem de mote para que ninguém saia como chegou. De fato, como vemos já na primeira cena, sequer todos escapam vivos. Mas o elemento perturbador da segunda temporada está menos nas mortes anunciadas, cujas vítimas obviamente só serão reveladas ao final, do que na entrada de duas jovens prostitutas penetras no hotel de altíssimo padrão. Ali onde o dinheiro parece resolver e controlar tudo, Eros insiste em bagunçar o coreto. E onde há Eros, há Tanatos.

Sorrateiras, irresistíveis, meigas e — por que não? — sacanas, só as putas salvarão a estadia geral da absoluta mediocridade prevista por milionários comendo, bebendo e comprando demais, besuntados de bronzeador sob o paradisíaco sol da Itália.

Os excessos permitidos em situações excepcionais e que parecem grandes atos de liberdade — o uso livre de drogas, experiências sexuais diferentes — ainda estão no campo da exceção que confirma a regra. Algo como "o que se faz em Las Vegas fica em Las Vegas", indicando que, para além do segredo, o sujeito tem poucas chances de testemunhar alguma transformação em sua vida fora dali.

O que transforma o sujeito não é a licenciosidade eventual e quase programática que os intervalos do trabalho podem propiciar. O porre na happy hour, a semana de Carnaval, as férias "loucas" exibidas nas redes ad nauseum costumam se prestar a que voltemos mais produtivos e mais conformados com nossa rotina de concessões.

O caráter disruptivo e transformador de uma experiência vem da combinação entre seu potencial de nos confrontar com nosso desejo e nossa coragem de bancá-lo. Como quando a personagem Alice descreve para um atônito marido seu desejo arrebatador por um desconhecido, em *De olhos bem fechados* (1999) de Stanley Kubrick. O encontro, que a fez quase abandonar tudo para seguir outro homem, não passou de uma furtiva troca de olhares no lobby de um hotel, mas seu efeito gerou um desfiladeiro de situações nas quais o desejo de ambos é colocado em questão. Se eles vão bancar no final ou não, sugiro ver ou rever o filme.

Também vale lembrar a sensibilidade com que Spielberg retrata o caráter disruptivo do seu encontro com o desejo, na volta do acampamento da família em *Os Fabelmans* (2022). Momento no qual o cineasta ainda adolescente vivencia o

As férias das quais não voltamos 297

traumático da sexualidade humana pela revelação do desejo dos adultos. E não podemos deixar de citar o primoroso *Aftersun* (2022) de Charlotte Wells, no qual a filha busca resgatar as pegadas do desejo do pai a partir das lembranças e imagens do convívio em suas últimas férias juntos.

Mas é importante ressaltar que não precisamos de tramas rocambolescas e acontecimentos trágicos para que o encontro com o sexual tenha um quê de traumático pelo simples fato de que ele é produto do reconhecimento de que há algo em nós que nunca controlamos inteiramente.

Se a rotina tem a função de manter tudo sob controle e previsível, sua interrupção pode nos dar a chance de assunção do desejo. Dessas férias, nunca voltamos os mesmos. Às vezes, sequer voltamos.

94. A humanidade evoluiu?

MULHERES SÃO CRIADAS DE FORMA bem diferente dos homens para o bem e para o mal. Para o mal, quando são tolhidas em seus sonhos, tendo seu universo de realizações restrito a estereótipos de fragilidade, imperativos de beleza e desqualificação intelectual. Para o bem, quando são treinadas para se sensibilizarem e para cuidarem de si e dos outros. Afinal, o cuidado mútuo é a única prova verdadeira de civilidade da nossa espécie. As conquistas tecnológicas celebradas como índices da evolução humana só se revelaram formas cada vez mais eficientes de autodestruição.

Um exemplo entre inúmeros outros é o da volta do uso das munições cluster pelos EUA. Trata-se de um armamento abolido em mais de cem países por deixar como resíduo bombas que explodem nas mãos de crianças e civis décadas depois do fim dos conflitos para os quais foram adquiridas. O Brasil, que é um dos três maiores produtores das bombas de fragmentação, não assinou o tratado, obviamente. Estima-se que 80 milhões desses artefatos estão espalhados pelo mundo prontos para explodir. Uma das alegações de Joe Biden para seu uso é a falta de pronta-entrega de outros armamentos. Basicamente, o mercado da guerra anda muito aquecido.

Em *Heróis de sangue* (2022), de Mathieu Vadepied, assistimos à máquina de destruição humana e seu âmago coloni-

A humanidade evoluiu? 299

zador. O filme se passa na Primeira Grande Guerra, quando pastores e aldeões senegaleses foram arrancados de suas famílias para lutar pela França, país invasor. Trata-se da lógica da masculinidade que só traz dor e devastação para o mundo. Ali, onde jovens se matam em nome da glória e do reconhecimento, um pai luta pela vida de seu filho de dezessete anos. A obra tem muitas camadas: política, racial e histórica, absolutamente atuais. Expõe a oscilação entre emancipar-se das figuras masculinas hegemônicas ou alienar-se até o limite da própria morte.

A figura de fundo, que raramente aparece nos filmes de guerra, é a da mulher. Ela costuma servir de alusão ao erotismo em meio à mortandade. É aquela cujo corpo ainda não foi revelado para o rapaz virgem ou aquela de quem sente saudades.

A mãe e a irmã do rapaz em *Heróis de sangue* são figuras femininas tão apagadas que, embora habitem a base da pirâmide da violência, se tornam invisíveis. São elas que restam quando seus protetores e responsáveis saem para guerrear. O mundo delas, supostamente idílico por estar fora da devastação, resta tão silencioso que soa como parte da natureza. Mutilação genital, casamento infantil, violência doméstica, feminicídio, enfim, a sujeição feminina que serve de base para o mundo masculino está lá como algo a não ser aludido, soterrado pela singela alegoria da família de pastores. Mulheres podem guerrear e o fazem sempre que necessário, mas o valor do feminino não está culturalmente associado à guerra. Ele se encontra referido à esfera da reprodução de cuidados, isento de qualquer tipo de glória.

Se houvesse uma "feminização" da sociedade — meu entendimento vai na contramão de algumas leituras psicanalíticas —, ela significaria a colocação do cuidado de si, do outro e do entorno, como valor máximo da cultura. Não se trata de incensar as mulheres ou de promover uma pretensa essência feminina, pelo contrário. Trata-se de desmontar esses estereótipos e assumi-los como valores máximos da humanidade independentemente do gênero.

A desconsideração absoluta pelo cuidado e por quem o realiza e a hipervalorização das conquistas territoriais e tecnológicas são a prova cabal de que não evoluímos como gostamos de alardear.

Datas das publicações

1. Aprendendo a ser pais ausentes, 10/09/2017
2. Casais com filhos, 14/11/2017
3. O preconceito nosso de cada dia, 28/11/2017
4. Enxurrada político-onírica, 05/12/2017
5. Não sei se vou te amar, 21/09/2020
6. Gestar, parir e ficar um tanto louca, 27/02/2018
7. Torcer pelo Brasil, 10/06/2018
8. Santo de casa não faz milagre, 17/04/2018
9. Para quem pensa que escola é prédio, 29/05/2018
10. As primeiras psicanalistas, 19/06/2018
11. Separar para não divorciar, 03/07/2018
12. Em busca do autodesconhecimento, 10/07/2018
13. Eu era tudo para você, 21/08/2018
14. Eu falo com bebês, 28/08/2018
15. Você não é a mamãe!, 25/09/2018
16. Adolescente, pais e a escola, 02/10/2018
17. Eu era infeliz e não sabia, 09/10/2018
18. Qual a posição política de um psicanalista?, 16/10/2018
19. Consolar o bebê inconsolável, 13/11/2018
20. Corpo de mãe e corpo de mulher I, 20/11/2018
21. No batente com o bebê, 12/02/2019
22. Tarde demais para flores, 12/03/2019
23. Os laços que queremos, 14/05/2019
24. Rua, Bolsonaro!, 21/05/2019
25. Ódio em família, 28/05/2019
26. De quem é o fim de semana, afinal?, 04/06/2019
27. As babás e seus bebês, 18/06/2019
28. Corpo de mãe e corpo de mulher II, 02/07/2019
29. Criança dá trabalho, 23/07/2019

30. Vida longa às vovozinhas assanhadas, 30/07/2019
31. Teste seu antifeminismo e pare de dar vexame, 03/09/2019
32. O erro dos pais, 01/10/2019
33. Como não falar sobre a morte com as crianças?, 29/10/2019
34. A conta não fecha, 17/12/2019
35. A primeira vez dos jovens, 25/02/2020
36. O que esperamos do amor?, 03/03/2020
37. Amor à família é álibi perfeito, 22/06/2020
38. Solidão, modo de usar, 25/05/2020
39. O amor está no ar, 27/07/2020
40. O jovem e a pornografia, 17/08/2020
41. Meninas são ensinadas a se deixarem abusar, 28/09/2020
42. Quando nos descobrimos mulheres, 05/10/2020
43. Caetanear o Natal, 21/12/2020
44. Falsa simetria entre fetos e mulheres, 04/01/2021
45. Militância e violência, 08/02/2021
46. O amor cobra sua fatura, 29/03/2021
47. Feito tatuagem, 05/04/2021
48. Sexo, swing e tédio, 24/05/2021
49. Cringe mania, 28/06/2021
50. Vale a pena defender a família?, 05/07/2021
51. Amor virtual ou presencial?, 12/07/2021
52. Podemos tirar nossos filhos das redes?, 19/07/2021
53. Djamila veste Prada, 16/08/2021
54. Crianças desumanizadas, 25/10/2021
55. Sapos, filhos & cachorros, 11/10/2021
56. O fracasso do amor, 01/11/2021
57. Meu corpo, velhas regras, 08/11/2021
58. Sexualidade e abuso, 13/12/2021
59. Não se pode falar tudo, 14/03/2022
60. Um brinde às amizades, 18/04/2022
61. Agora só vou com mulher, 09/05/2022
62. É hora de falarmos de sexo com as crianças, 27/06/2022
63. Transfobia é medo de quê?, 04/07/2022
64. Para ser mulher tem que ter útero?, 22/08/2022

Datas das publicações

65. Poderes reprodutivos e suas armadilhas, 29/08/2022
66. Dicas para enfrentar o mal-estar, 05/09/2022
67. E se deitássemos o Brasil no divã?, 26/09/2022
68. O trabalho com pessoas que gestam, 12/12/2022
69. Bem-vindos de volta à escola, pais, 06/02/2023
70. Em busca do clitóris perdido, 23/01/2023
71. O Carnaval é o futuro, 20/02/2023
72. Uma facada no coração da escola, 27/03/2023
73. As fases dos cuidados com os filhos, 24/04/2023
74. Tire a camisa da empresa, 29/05/2023
75. Nostalgia de um passado idílico, 26/06/2023
76. A arte de calar a boca, 03/07/2023
77. Os tempos da família, 10/07/2023
78. O autoelogio como palavra de ordem, 31/07/2023
79. A psicanálise, essa bobagem, 07/08/2023
80. O que é ser brasileiro?, 14/08/2023
81. Separações em análise, 04/09/2023
82. Tempo de qualidade, 11/09/2023
83. Maldições familiares, 18/09/2023
84. São necessárias muitas crianças para salvar uma aldeia, 25/09/2023
85. Aos que ficam, 02/10/2023
86. Constelações familiares e a pregação de Estado, 09/10/2023
87. Ninho vazio e outros bichos, 16/10/2023
88. Mulher branca no Brasil, 20/11/2023
89. A melhor escola para seu filho, 27/11/2023
90. Problemas de família, 04/12/2023
91. No divã com o analista, 11/12/2023
92. Natal: modo de usar, 25/12/2023
93. As férias das quais não voltamos, 16/01/2023
94. A humanidade evoluiu?, 17/07/2023

ESTA OBRA FOI COMPOSTA POR MARI TABOADA EM DANTE PRO E IMPRESSA EM OFSETE PELA LIS GRÁFICA SOBRE PAPEL PÓLEN NATURAL DA SUZANO S.A. PARA A EDITORA SCHWARCZ EM AGOSTO DE 2024.

A marca FSC® é a garantia de que a madeira utilizada na fabricação do papel deste livro provém de florestas que foram gerenciadas de maneira ambientalmente correta, socialmente justa e economicamente viável, além de outras fontes de origem controlada.